교동도

전란과 긴장, 대립의 역사

역사의 길
01

교동도

전란과 긴장, 대립의 역사

김락기 · 정학수 · 안홍민 · 정이슬

글누림

2014년 7월 교동대교의 개통은 교동과 강화, 나아가 교동과 육지의 물리적, 정서적 거리를 확 줄이는 효과를 낳았다. 배타고 가야하는 섬이 아니라 차를 가지고 편하게 다녀올 수 있는 섬이 되면서 교동은 섬이 생겨 사람이 살기 시작한 이래 가장 큰 변화를 맞이했는지 모른다.

변화의 중심에는 교동을 찾는 외지 사람들이 있다. 6~70년대의 풍경을 간직한 대룡시장을 찾는 분들이든, 등산이 좋아 화개산을 오르려고 오는 분들이든, 읍성과 향교를 답사하는 분들이든 다리로 연결되기 이전보다 숫자는 늘었고, 그만큼 교동이라는 곳을 아는 사람도 늘었다.

하지만 교동이 겪어온, 교동이 품고 있는 수많은 사연과 역사를 시민들이 쉽게 이해할 수 있는 자료는 많지 않다. 그간 여러 기관과 개인이 교동의 역사와 문화에 관한 책을 펴냈지만, 지나치게 전문적이거나 특정 시기, 특정 부분에 치우쳐 교동의 전모를 전하기에는 어려운 경우가 많았다.

인천광역시에서 쓰이는 행정 구역 명칭 중에 역사가 가장 오래된 곳이 교동인 만큼 그 안에 담긴 다양한 이야기를 한 권의 책으로 풀어놓는 것은 불가능한 일일지 모른다.

여기에 이 책의 고민이 있다. 교동이라는 지역을 관통하는 핵심은 무엇일까? 어떤 측면에서 교동에 주목하면 교동의 전모를 이해하는 데 길잡이 역할을 할 수 있을까? 그런 고민의 결과로 우리는 '전쟁'이라는 낱말에 주목했다.

교동은 전쟁의 섬이었다. 남과 북이 대치하고 있는 현재도 그런 모습은 쉽게 확인된다. 강화에서 교동으로 들어가기 위해서는 해병대 병사들의 검문을 거쳐야 하며 나올 때도 마찬가지다.

삼국시대에는 고구려와 백제가 공방을 벌였던 관미성이 아닐까라는 주장도 넓게 퍼져있고, 고려시대에는 왜구의 침탈로 극심한 피해를 입었다. 조선시대에 들어와서는 보장처인 강화를 외곽에서 방어하는 수군 사령부로서 삼도수군통어영이 설치된 곳이다.

다른 한편 교동을 둘러싼 물길은 교류의 통로였다. 교동 앞 물길을 통해 아라비아 상인은 개성을 드나들며 이 땅이 KOREA임을 아랍세계에 알렸고, 전국 각지의 세금은 교동 앞 물길을 통해 개성으로, 한양으로 옮겨졌다. 그 과정에서 수많은 사람들이 지금 우리가 보는 교동 화개산을, 건너편의 예성강을 바라보았을 것이며, 남산포구 언저리의 사신당에 올라 항해의 평안을 기원했을 것이다.

전쟁과 교류가 동전의 양면처럼 하나의 물길로 이어져 있다. 그러므로 교동을 전쟁이란 측면에서 주목한다는 말은 다의적이고 다층적이다. 전쟁의 끝은 평화이고, 평화는 전쟁이 배태한 갈등의 결과로서 사람들이 품고 바라는 최상의 결과이다.

우리가 전쟁에 주목한 것은 바로 이런 점 때문이다. 전쟁의 섬 교동은 평화의 섬 교동으로 나가는 전제로서 의미가 있다. 강화 북부와 교동을 흐르는 조강은 살았으되 죽은 강이다. 황해도 내륙을 관통해 교동 앞바다에 다다르는 예성강도 살았으되 죽은 강이다. 끊겨있기 때문이다. 전쟁의 상태가 계속되기 때문이다.

조강과 예성강이 명실상부한 살아있는 강이 되려면 끊겨있는 두 물줄기가 연결되어야 한다. 물이야 지금도 남북 구분없이 흐르지만, 사람들이 드나들 수 있어야 비로소 연결이라 할 수 있다. 그렇게 될 때 교동이 품은 아픈 전쟁의 역사가 미래의 평화를 이끌어 낸 동력으로 평가받을 수 있을 것이다.

인천문화재단 인천역사문화센터에서 강화군을 구성하는 여러 섬들 중에 교동을 가장 먼저 조사와 연구의 대상으로 삼은 까닭도 여기에 있다. 정도의 차이는 있어도 끊긴 물길은 교동 뿐만이 아니지만, 그중에서도 교동이 가장 상징적이기 때문이다.

교동을 시작으로 석모도, 이어서 주문도와 볼음도를 관통하는 역사적 맥락에도 주목해 한해 한해 결과를 내 놓으려 한다. 역사가 단순한 과거의 이야기에 그치는 것이 아니라 미래를 전망하는 유력한 자산일 수 있다는 걸 시민들과 공유하고 싶다. 센터 연구원들이 가진 능력이 목표에 못 미칠지는 모르지만 우리의 고민과 모색, 그리고 노력이 인천의 섬을 이해하는 또 다른 창(窓)이 되길 희망한다.

필자들을 대표하여 김락기 씀.

사람이 떠나고 남은 성벽의 이끼는 날이 갈수록 짙어졌고,
주변 사람들은 성돌을 가져다 요긴하게 썼을 것이다.
읍치를 상징하는 높았던 성벽은 점차 낮아져 돌담처럼 되었고,
그 사이에서 자라난 무성한 잡풀은 성벽의 흔적마저 감춰버렸다.
그리곤 그저 지명으로만 옛 흔적을 전했던 것이 아닐까?

1장

교동,
치열했던 역사의
시작과 전개

김락기
(인천역사문화센터장)

1. 교동이란 이름의 유래

고목근현과 고읍성

교동(喬桐)이란 고을 이름은 무슨 뜻일까? 이 이름이 처음 붙여진 것은 신라가 삼국을 통일한 뒤, 삼국이 저마다 붙여 불렀던 고을 이름을 한자(漢字)로 통일하는 조치를 취할 때였다. 이때가 경덕왕 16년인 757년 음력 12월이었다.[01] 2017년 기준으로 1260년 전이니 그 세월이 무척 오래다.

인천광역시만 놓고 보아도 각 군·구는 물론 읍면동의 이름까지도 여러 차례 바꾸어 삼국시대 지명은 도로 이름 등에만 남아 있는데 반해 교동은 지금도 그대로 쓰고 있으니 인천에서 가장 오래된 고을 이름이다.

아무 근거없이 마음대로 한자를 붙인 것이 아닌 이상, 그 의미를 알기 위해서 한자식으로 바꾸기 전에 어떻게 불렀는지 알아야 한다. 교동의 옛 이름에 대해

▲ 삼국사기 지리지의 고목근현
(1537년 옥산서원본)

제일 먼저 기록을 남긴 것은 고려시대 『삼국사기(三國史記)』를 편찬할 때였다.

『삼국사기』 지리지의 고목근현(高木根縣)이 바로 그 이름이며, 달을참(達乙斬)이라는 별명도 있다. 두 이름 관계와 비슷한 것으로 현재 고양시 일부에 해당하는 고봉현(高烽縣)이 원래 달을성현(達乙省縣)이라는 게 있다.

나눠서 보면 고목근(高木根縣)=달을참(達乙斬), 고봉(高烽)=달을성(達乙省)이 된다. 공통적으로 '고(高)'에 '달을(達乙)'이 해당되고 목근(木根)은 참(斬)에, 봉(烽)이 성(省)에 대응한다. 고구려어에서 '달(達)'은 대모달(大模達)이나 가라달(可邏達)이란 관직명처럼 장(長)을 의미하는 것으로 추정되는데,[02] 의미상 '높다'라는 '고(高)'와 통한다. 공교롭게 교(喬) 역시 높이 솟다, 높다는 뜻이므로 高=達(乙)=喬는 모두 높은, 높이 솟은 이런 의미로 해석할 수 있다.[03]

목근(木根)=참(斬)=동(桐)은 의미를 쉽게 짐작하기 어렵다. 『삼국사기』 지리지에 나오는 양근현(楊根縣)의 별명이 거사참(去斯斬)이라는 게 그나마 비슷한데 고구려어 '참'을 한자 '근'으로 바꾼 것이라 짐작할 뿐이다. 다만 양근의

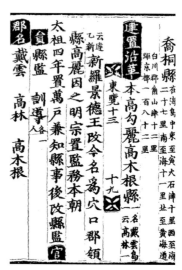

▲ 신증동국여지승람 교동현

경우와 달리 교동은 '참'에 '목근' 두 글자가 해당되어 해석이 쉽지 않다. 다만 '참(斬)'의 중세국어 원형을 바탕으로 '벌', '불'이란 의미로 해석하고 "달을참(達乙斬)은 달불의 표기로 높은 산이 있는 고을"[04]이라 풀이한 견해가 흥미롭다.

조선시대에 만든 교동 읍지에는 고림(高林), 달을신(達乙新)도 교동의 별명으로 기록되었고, 책에 따라서는 고목근 대신에 고수근(高水根), 고림 대신에 고촌(高村), 달을신 대신에 달걸신(達乞新)이라 쓰기도 했다.[05] 이것은 한자를 베껴 쓰는 과정에서 '목(木)'을 '수(水)'로, '림(林)'을 '촌(村)'으로, '을(乙)'을 '걸(乞)'로, '참(斬)'을 '신(新)'으로 잘못 옮긴 것이라 보인다. 흘려쓰거나 언뜻 보았을 경우 충분히 착각할 수 있는 글자들이기 때문이다.

1530년에 만든 『신증동국여지승람(新增東國輿地勝覽)』에는 교동의 별명으로 대운도(戴雲島)가 있는데, 이것은 앞의 이름들과 아예 계통이 다른 것으로 생각된다. 뜻으로 풀면 "구름을 머리에 인 섬의 뜻이므로 높은 산이 있는 섬의 뜻을 미화(美化)한 애칭(愛稱) 정도로 볼 수 있다."[06]

이렇듯 이름의 유래는 불분명하지만 고목근현의 옛터라 전하는 곳이 교동에 남아 있다. 교동대교를 지나 면사무소 쪽으로 가다보면 오른편으로 큰 저수지가 나온다. 고구저수지다. 도로가 저수지 위를 지나는 모양새인데, 저수지 끝에서 왼쪽으로 돌아 들어가 조금만 올라가면 집 담장처럼 보이는 돌담이 보인다.

언뜻 보아서는 단순한 돌담인지 성벽인지 구별하기 어려울 정도지만 이 동네에서는 오랫동안 이곳이 옛 읍치의 터라는 전승이 내려왔다. 화개산의 북쪽 자락과 평지가 만나는 곳으로 성문으로 추정되는 소로를 지나면 곧 내리막길로 그 안은 비교적 평탄하며 꽤 너른 대지다.

행정구역상 주소는 교동면 고구리 301번지인데, 고구려의 려(麗)가 나라이름일 때는 '리'로 읽어 고구리가 올바른 음독(音讀)이라는 주장[07]과 연결해 보면 매우 흥미롭다. 하지만 이것은 우연의 일치이다. 고구리는 1911년 8월 30일 교동군의 면 관할구역을 개편할 때 고읍리(古邑里)의 '고'와 구산리(龜山里)의 '구'를 따서 '고구동(古龜洞)'이 되었다가,[08] 1912년 교동군의 '동(洞)'을 일괄적으로 '리(里)'로 바꾸면서[09] 정착된 이름이기 때문이다.

구한말의 지형도를 보면 화개산을 중심으로 북쪽으로 고기동과 구산리가, 남쪽으로 타원형 모양의 교동읍성이 표시되어 있다. 즉 고구리의 옛 고목근현터는 화개산의 북쪽 능선 자락에서 간척 이전에 물이 드나들던 갯벌 내지 포구와 연결되는 지점에 자리잡은 셈이다.

조선시대 읍지에도 옛 읍성[古邑城]이 몇 군데 나오는데, 1856년에 만든 『여도비지(輿圖備志)』에는 당시 읍치에서 북쪽으로 10리 거리에 있으며 터가 남았다 했고, 1863년의 『대동지지(大東地志)』에도 같은 내용이 실렸다. 1899년에 만든 『교동군읍지(喬桐郡邑誌)』에는 "옛 현은 군의 북쪽 십리 되는 곳에 있었는데 숭정 2년 기사년(1629)에 수군영으로 승격하면서 읍을 남면 용정리 월곶진터로 옮겼다. 옛 현의 성터가 여전히 남아있는데, 지금의 고읍리다"[10]라고 하여 좀 더 자세한 내

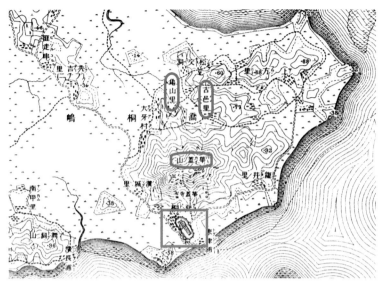

▲ 1895년 측량 5만분의 1 지형도의 교동 화개산 일대

용이 실려있다.

문제는 이런 읍지에서 말하는 옛 현터가 조선시대에 화개산 남쪽의 현재 교동읍성 자리로 옮기기 전에 설치된 것인지, 아니면 고목근현 시절인 삼국시대부터 내내 그 자리에 있었던 것인지 하는 것이다.

교동은 비록 작은 섬이라 하지만 강화와는 다른 독립 행정구역으로 역사 속에 모습을 드러냈고 유지했다. 따라서 고목근현 때도 현의 중심을 이루는 읍치는 분명히 있었을 것이다. 현재 교동 지도를 펴놓고 보면 동남쪽에 치우쳐 화개산이 자리 잡았고, 서남쪽에 수정산, 서북쪽에 율두산이 있으며 중간 중간에 작은 언덕 같은 구릉이 여럿 보인다. 섬과 섬 사이에는 너른 간척지가 펼쳐져 있으니, 삼국시대 섬의 모양은 지금과는 많이 달랐을 것이다.

▲ 옛 고목근현 터로 알려진 곳

중심이 되는 것은 크기로 보나 산성 같은 유적으로 보나 화개산이 었음에 틀림없다. 화개산 남쪽으로 읍치를 옮긴 게 17세기라면 삼국 시대, 고려시대 내내 고읍리에 읍치가 있었을 개연성이 높다.

현재의 옛 읍성은 둘레가 1171m 정도로서 아주 일부 구간만 돌로 쌓은 성벽이 남아 있고 대부분은 흙으로 쌓은 구간이며 그나마 허물 어진 곳이 많다. 동서남북의 문 자리로 추정되는 장소가 있고, 성 안 에서는 타원형 연못과 직사각형의 관아터가, 성 밖에서는 원형 감옥 터가 발견된다는 것[1]으로 보아 관청의 기능을 했던 시기가 분명히 있었을 것이다.

사람이 떠나고 남은 성벽의 이끼는 날이 갈수록 짙어졌고, 주변 사 람들은 성돌을 가져다 요긴하게 썼을 것이다. 읍치를 상징하는 높았던 성벽은 점차 낮아져 돌담처럼 되었고, 그 사이에서 자라난 무성한 잡풀은 성벽의 흔적마저 감춰버렸다. 그리곤 그저 지명으로만 옛 위세를 전했던 것이 아닐까?

소석산과 소석색국

옛 읍터를 이처럼 올려 보아도 고목근현으로 불리던 삼국시대다. 그런데 교동과 바로 이웃한 강화의 곳곳에서 발견되는 수많은 고인돌은 청동기 시대에도 많은 사람들이 살았던 증거다. 화개산 일대라 한정해 보아도 작다고 할 수 없는 교동에는 삼국시대 이전에 사람들이 살지 않았을까?

단정할 만한 근거는 없지만 역사책 기록 속의 한 줄 한 줄을 따라가 보면 교동에 있었던 나라아닌 나라의 흔적을 추정해 볼 수 있다. 이야기는 시대를 건너뛴다. 472년 북방 유목민족 중 하나인 탁발선비(拓跋鮮卑)가 세운 북위(北魏) 수도에 백제 사신이 도착했다. 개로왕 여경(餘慶)이 보낸 사신이다. 사신은 고구려의 포악함과 장수왕의 잔인함을 거듭거듭 간청했다. 천자의 위엄으로 고구려를 굴복시켜 백제를 위기에서 구해달라는 애타는 호소였다.

말로는 설득력이 떨어진다고 생각했는지 말안장 하나를 증거로 내밀었다. 440년 경진년(庚辰年)에 백제의 서쪽 경계에 있는 소석산(小石山) 북쪽 바다에서 10여 명의 시체와 함께 주운 것이라는 말과 함께였다. 살펴보니 고구려 것이 아니라 황제가 보내 백제로 오던 사신 일행을 고구려가 막아서 침몰시킨 것이라는 설명도 덧붙였다.[12]

　개로왕의 전략은 절반의 성공에 그치고 만다. 당시 중원 대륙을 북위와 함께 양분하고 있던 남제(南齊)에 이어 고구려 사신을 두 번째로 예우하던 북위의 입장에서 백제를 편들어 고구려를 공략한다는 것은 모험이었을 것이다. 이미 435년 북연(北燕)의 수도 용성(현재의 요녕성 조양시)을 둘러싸고 고구려군과 북위군이 대립했을 때 고구려군과 함께 유유히 떠나가는 북연 황제 풍홍(馮弘)과 백성 일행을 지켜볼 수 밖에 없었던 경험이 있기 때문이다.[13]

　그만큼 이 시기 고구려는 대단했다. 그러니 개로왕의 애타는 호소에도 아랑곳 않고 사리를 분별해 보니 고구려를 토벌할 명분이 없다고 답한 것이다. 게다가 개로왕이 고구려가 포악하다는 증거로 내민 말안장에 대해서는 예전 것과 비교해 보니 중국 물건이 아니라고 하여 개로왕을 실망시켰다. 아마 이런 북위 황제의 답글을 받고 개로왕은 뜨끔했거나, '용케 잘 알아챘네' 하고 크게 웃었을지 모르겠다.

　여기서 관심이 가는 것은 안장이 어느 나라 것이냐가 아니라 소석산이 어디에 있는 산인가 하는 것이다. 백제의 서쪽 경계에 있으며 이 산의 북쪽 바다에 침몰한 배에서 물건을 건졌다는 걸로 보아 바닷가의 산이거나 아니면 섬일 가능성이 있기 때문이다.

　『삼국지(三國志)』 한(韓) 열전에는 마한(馬韓) 사람들이 산과 바다에 흩어져 산다고 전하며 마한에 속한 50여 나라 이름을 차례차례 적어 놓았다. 나라라고는 해도 지금 대한민국과 같은 나라는 아니다. 큰

게 만여가이고, 작은 게 수천가라는 설명도 붙여 놓았으니 대개 지금
의 작은 군 정도의 인구이고, 도시에서는 한 동의 규모와 비슷한 정
도다. 그저 한 고을 정도라고 생각하면 이해가 조금 쉬울지 모르겠
다.

원양국(爰襄國)·모수국(牟水國)·상외국(桑外國)·소석색국(小石索國)·
대석색국(大石索國)·우휴모탁국(優休牟涿國)·신분고국(臣噴沽國)·백제
국(伯濟國)으로 나열된 이름 중 소석색국, 대석색국에 주목한 것이 언
론인이자 역사학자인 천관우 선생이다.

마한의 나라 이름이 임진강 방면에서 점차 남하하는 순서로 적혔
을 것이라는 점을 전제로 하고, 백제국은 한강 하류 현재의 서울 지
방에 있었음이 틀림없으므로 원양국에서 백제국 사이에 있는 이름
들은 대체로 임진강에서 한강에 이르는 사이 어딘가에 있었다고 본
것이다.

그 중 소석색국과 대석색국이 바로 이어지고, 석색국 앞에 크기를
나타내는 대소(大小)로 구분했다는 점에 주목했다. 즉 두 나라는 아주
가까이 있고, '석색(石索)'이란 이름을 공유하니 특성도 비슷할 것이
며, 앞서 살펴본 개로왕의 국서에 소석산이라는 비슷한 이름과 뭔가
연결되는 점이 있을 것이라 추정한 것이다.

이런 검토를 통해 천관우 선생은 소석색국이 교동이고, 대석색국
이 교동에 이웃하며, 크기가 큰 강화라는 결론을 내렸다.[14] 소석산과
소석색이 통한다면 대석색은 대석산이라고도 부를 수 있을 것이다.

만약 그렇다면 백제가 본격적으로 서해로 진출하기 이전부터 사

람들이 교동에서 마을을 이루고 나름의 삶을 꾸려 왔을 것이다. 백제가 먼저, 뒤이어 고구려가 교동에 왔을 때도 사람들의 삶은 크게 변하지 않았을 것이다. 그저 그들이 사는 고을 이름이 소석색에서 고목근으로, 고목근에서 교동으로 변했을 뿐이다.

『삼국지』한 열전에는 마한에 성곽이 없다 했으니, 그 기록을 믿는다면 화개산 자락에 울타리에 의지해 살던 마을에 어느 땐가 흙으로든, 돌로든 높은 벽을 쌓아 성을 두르게 되었고, 그것만으로도 위험을 피할 수 없는 상황을 맞게 되자 가파른 화개산을 올라 산봉우리 가까이 또 다른 성을 쌓았던 건 아닐까?

2. 관미성은 교동 화개산성인가?

관미성을 둘러싼 고구려와 백제의 대립

391년 음력 10월 어느 날이었다. 백제 관미성에 고구려군이 나타났다. 음력 10월이니 양력으로는 12월 전후가 되어 꽤 쌀쌀한 날씨였을 것이다. 성을 지키는 백제 병사들의 각오가 대단했는지, 아니면 성 자체가 난공불락의 요새였는지, 두 가지 요소가 다 결합되었는지 성은 쉽게 함락되지 않았다.

고구려군의 사령관은 광개토왕 고담덕이었다. 이때 왕이 직접 현장에서 지휘를 했는지는 알 수 없지만 군사를 일곱 갈래로 나누어 공격하도록 작전지시를 내린 것은 왕이라 기록되어 있다. 성 하나를 둘러싸고 무려 20일간 공방이 이어졌고, 끝내 관미성은 고구려군의 수중에 떨어졌다.[15]

같은 해 음력 5월에 즉위한 신참내기 18살 청년 국왕이 다섯달 만에 백제와 고구려의 경계를 이루는 요충지를 차지한 것이다. 백제가 받은 충격은 크고 깊었다. 음력 7월에 한강 이북의 석현성 등 10개 성이 광개토왕이 이끈 4만 고구려 대군에게 떨어진 뒤였기 때문에[16] 점차 조여오는 고구려의 압박이 큰 부담이며 두려움이었을테다.

이듬해 392년 음력 11월, 백제에서도 20대 초반으로 추정되는 젊은 임금이 등극했다. 아화, 아방으로도 기록된 아신왕이다.[17] 패기만만한 젊은 국왕은 관미성 함락의 치욕을 잊지 않았다. 해가 바뀐 393년 음력 8월에 아신왕은 외삼촌이자 군사를 주관하는 좌장 진무에게 "관미성은 우리나라 북쪽 변경의 요새이다. 그 땅이 지금은 고구려의 소유로 되어 있다. 이것을 과인은 애통해 하니, 그대는 응당 이 점에 마음을 기울여, 이 땅을 빼앗긴 치욕을 갚아야 할 것이다."라며 실지 회복을 명령했다.

진무는 국왕이 된 조카의 뜻을 이루기 위해 병사들보다 앞장서서 화살과 돌을 무릅썼다. 최종 목표는 석현성 등 5개 성을 회복하는 것이었고, 그 첫 관문은 관미성이었다. 이번엔 공수가 바뀐 셈이다. 고구려가 20일에 걸쳐 공략해 가까스로 함락한 관미성은 옛 주인에게도 쉽게 문을 열지 않았다. 방어에 나선 고구려군은 성문을 걸어잠갔다. 시간은 계속 가고 공방전은 백제에게 성과없이 반복되었을 것이다. 결국 병사들의 양식을 제때 수송하지 못하게 된 진무는 군사를 돌릴 수 밖에 없었다.[18]

아신왕은 포기하지 않았다. 394년 음력 8월에는 다시 외삼촌 진무를 보내 고구려를 공략했다. 대동강으로 생각되는 패수 인근 까지 이르렀으나 광개토왕이 직접 군사 7천을 거느리고 패수를 방어막 삼아 백제군을 맞받았다. 백제군 8천여명이 여기서 포로가 되었다.[19] 참혹한 패배는 아신왕을 직접 나서게 했다. 아신왕이 이끄는 백제군 7천명이 한강을 건넜다. 청목령에 진을 치고 다가올 전투를 준비했으나, 고구려군보다 먼저 맞이한 건 유례 없는 큰 눈이었다. 병졸들은 내린

눈과 추위에 속절없이 얼어죽었다. 고구려에 대한 원한은 컸으나 병사들이 싸우기도 전에 죽어나가니 아신왕도 어쩔 수 없었다. 회군하여 군사들을 위로하는 것밖에 아신왕이 선택할 길이 없었다.[20]

이런 공방은 396년 마무리가 된다. 아신왕이 광개토왕 앞에 무릎을 꿇고 영원히 노객(奴客)이 되겠다고 맹세한 것이다. 한강 이북의 50여성이 이미 고구려의 수중에 떨어진 뒤에 아리수를 건넌 광개토왕이 백제 왕성을 압박하자 이미 승패가 났다는 걸 안 아신왕은 항복을 선택했다. '태왕의 은혜'로 목숨을 건졌으나 남녀 1,000명을 고구려에 바쳐야 했으며 왕의 동생과 대신 10명도 인질로 끌려갔다.[21]

위기를 극복하기 위해서였는지 아신왕은 태자 전지를 왜(倭)에 보내 우호관계를 만들어 백제를 지키려 애썼다.[22] 399년에는 고구려를 공략하려고 군사와 말을 징발했지만 이길 수 없는 싸움인 줄 안 백성들은 신라로 도망가는 것으로 응답했다.[23] 당시의 고구려, 당시의 광개토왕은 끝내 아신왕이 넘을 수 없는 산과 같은 존재였던 것이다. 405년 음력 9월 아신왕이 품었던 뜻을 펼쳐보지 못하고 승하했다.[24] 396년의 굴욕적 패배로부터 꼭 10년 만이었다. 소식을 들은 광개토왕은 어떤 마음이었을까?

시작은 관미성이었다. 관미성을 고구려에 뺏기지 않았다면 백제가 쓸 수 있는 방어책이 많았을 것이다. 요충의 요충을 잃고 난 뒤에는 밀려드는 고구려군에 속수무책이었다. 관미성이 도대체 어디길래, 어떻게 생긴 성이길래 이렇게 까지 평가할 수 있을까?

기록은 적고 주장은 많다. 파주 오두산성(烏頭山城)이 관미성일 가능성을 주장한 윤일녕이 정리한 내용에 따르면 이병도는 교동도, 박성봉은 강화도, 일본의 이마니시 류(今西龍)는 연안, 사카이 카이조(酒井改藏)는 예성강 하구 구미포, 사에키 아리키요(佐伯有淸)는 임진강과 한강의 합류지점이라 했고, 조선시대 김정호는 파주 오두산성을 지목했다고 한다.[25]

　해양방어측면에서 관미성의 위치를 다각도로 검토한 윤명철은 강화의 하음산성을 지목했다.[26] 4세기 중반부터 본격화된 백제와 고구려의 공방을 교통로라는 측면에 주목해서 살펴본 문안식은 김포의 문수산성과 마주보며 둘레가 4Km에 이르고, 성 안에 우물이 17개나 있다는 개풍의 백마산성을 관미성으로 추정하기도 했다.[27] 이처럼 각양 각색의 주장이 수렴되지 않고 계속되고 있다.

관미성은 화개산성?

　　　워낙 중요하게 생각되는 성이었기 때문일까? 관미성이 인천에, 그것도 교동에 있었으면 좋겠다는 몇몇 사람의 바람이 전해져 온다. 하지만 역사는 바람으로 해석할 수도 없고, 해석해서도 안 되는 것이니 생각은 깊어 질 수밖에 없다.

　만약 교동이 관미성이라면 그 후보는 화개산성 밖에 없다. 화개산 정상에 올라서면 북으로는 연안과 배천의 너른 평야가, 동으로는 강화의 별립산과 봉천산 줄기가 우뚝 솟아 보이고, 남으로는 이제는 석

▲ 화개산성의 흔적

모도에 포함되어버린 송가도와 그 밑으로 점점이 섬들의 행렬이 이어진다.

　교동과 연안 사이 바닷길엔 하중도라 할 만한 널찍한 풀등이 곳곳에 보인다. 한마디로 주변을 조망하고 무언가 위험이 있을 때 알아채기 쉬운 곳이니, 옛 사람이나 지금 사람이나 보는 건 다 똑같았을 것이다.

　지키는 입장에서 낮은 곳보다는 높은 곳이 유리한 건 말할 필요도 없으니 화개산 8부 능선 쯤에 약간의 흔적을 남기고 있는 화개산성이 교동 군사와 사람들의 근거이자 피난처였음이 틀림없다.

　조선시대 읍지에는 화개산성의 면모를 전하는 기록이 남아있다. 가장 이른 것이 15세기의 『세종실록(世宗實錄)』 지리지인데, 「화개산 석성(華蓋山石城)」이라는 이름으로 "현(縣) 남쪽 7리에 있다. 둘레가 1,565보이며, 안에 못이 1개, 샘이 1개 있다"[28]고 했다. 교동현의 읍치를 화개산 남쪽의 현재 읍성으로 옮기기 전이므로 현의 기준은 화개산 북쪽이 되며, 그렇기 때문에 화개산성은 현의 남쪽이라 표현한 것이다.

1530년에 간행한 『동국여지승람(東國輿地勝覽)』에서는 둘레가 3534척이고 높이가 18자이며 못과 샘이 있고, 군창(軍倉)이 있다고 했는데,[29] 둘레의 단위가 보에서 자로 바뀌고 높이가 기록된 점이 전과 다르다.

『동국여지승람』에 나온 둘레 3,534자는 1760년 간행 『여지도서(輿地圖書)』와 1856년의 『여도비지(輿圖備志)』, 1863년의 『대동지지(大東地志)』에도 그대로 반복된다. 『여도비지』에는 영조 13년에,[30] 『대동지지』에는 영조때 고쳐 쌓았다는 기록이 있다.[31]

1871년의 『교동부읍지(喬桐府邑誌)』에는 구체적 수치없이 그저 옛 현감 때에 쌓았는데 해가 오래되어 퇴락하였고, 지금은 터만 남았다고 했고,[32] 1899년의 『교동군읍지(喬桐郡邑誌)』에서는 "옛 현감 시절에 쌓았다. 신묘년(1591) 10월 지현으로 있던 이여양이 외성을 헐고 읍으로 옮겨 쌓았다. 지금은 단지 내성 터만 남아있고 성안에는 2개의 큰 우물이 있다"고 했다.[33]

『세종실록』지리지의 1565보와 『동국여지승람』의 3534자가 같은 길이인지 아닌지는 분명치 않다. 조선시대 길이의 단위인 자에는 여러 종류가 있고, 어떤 자를 기준으로 했는가에 따라 차이가 크기 때문이다.[34]

화개산성은 강화군에서 「고구리 산성지」란 이름으로 향토유적 제30호로 지정했는데, 전체 둘레가 2168m에 이르는 큰 규모의 석성이며 내성이 1013m, 외성이 1155m라고 한다.[35]

위와 같은 기록으로 전해지는 화개산성은 과연 백제와 고구려와 번갈아 차지한 양국 경계의 요충지였을까? 그렇다는 근거도, 아니라는 근거도 없다. 하지만 관미성을 빼앗긴 이후 백제가 회복하려 전개한 작전을 찬찬히 살펴보면 어느 정도 실마리를 잡을 수 있다.

아신왕의 명령을 받은 진무가 맨 처음 공략한 곳이 관미성이다. 그런데 이 작전의 최종목표는 관미성 탈환이 아니라 석현성 등의 5개 성을 회복하는 것이었다. 석현성에서는 고구려와 백제만 싸운 게 아니라 나당전쟁(羅唐戰爭)때 신라군과 당군도 격전을 치렀다. 즉 675년 매소성(買肖城)에 주둔하던 당군이 칠중성(七重城)과 석현성 등을 공격한 게 그것인데,[36] 매소성이 연천 대전리산성이고, 칠중성이 파주 칠중성으로 추정된다는 점에서 석현성도 임진강과 한강 사이의 파주, 양주 일대로 보이며 양주시 장흥면에 석현리와 석현천이라는 지명이 남아있는 것도 참고가 된다.

만약 관미성이 화개산성이라면 진무는 수군을 동원하여 강화를 거쳐 교동에 이르렀다가 다시 임진강가로 상륙하려 했다는 게 되는데 수군과 육군을 순차적으로 동원하는 이런 계획은 어색하기 그지없다. 파주, 양주 일대의 옛 성을 회복하려 출전했다면 마땅히 공성전을 준비했을 것이며, 통상 이것은 육군의 전투다.

'사면이 가파른 절벽으로 바닷물이 둘러싸고 있다(四面峭絶, 海水環繞)'는 관미성에 대한 묘사도 오히려 섬이 아닐 가능성을 보여준다. 섬에 있었다면 그저 해도(海島)에 있다고 하면 될 터이기 때문이다. 그럼에도 그런 표현은 없다. 바닷물이 둘러싸고 있다는 데서 섬을 떠올리기 쉽지만 육지와 바다가 만나는 자락의 곶처럼 바다 쪽으로 튀어 나온 구릉의 3면을 바닷물이 둥글게 감싸고 있어도 얼마든지 둘러싸다〔環繞〕라는 표현을 쓸 수 있다. 규모는 다르지만 강화 손돌목 쪽으로 튀어 나온 용두돈대와 그 주위를 감싸고도는 바닷물을 보면 알 수 있다.

만약 파주 오두산성이나 개풍 백마산성이 관미성이라면 파주, 양주 일대와 임진강 상류의 옛 성을 회복하려는 백제 진무의 진군로가 이해되고, 아신왕이 왜 그렇게 관미성 함락을 애통해 했는지도 이해하기 쉽다.

정말 중요하고 필요한 것은 화개산성이 관미성인지 아닌지가 아니라 화개산성에 대한 온전한 정보를 알아내는 게 아닐까? 지금은 언제 쌓은 성인지, 성 안에 어떤 유적이 있는지 등등 모르는 것 투성이다.

2km가 넘는다는 규모 역시 정확한 조사가 필요하며, 전체를 돌로 쌓은 것인지 흙과 섞어 쌓은 것인지, 아니면 흙으로 쌓았던 걸 나중에 돌로 고쳐 쌓은 것인지, 성벽을 쌓는 방식에서 고구려나 백제의 수법이 보이는지, 성 안팎에서 고구려나 백제의 유물이 나오는지 등등 확인해야 할 것은 차고 넘친다.

관미성인지 여부는 그 뒤에 살펴볼 일이다. 고구려나 백제의 수법이나 유물이 나오지 않는다면 지형과 위치만을 가지고 관미성이라 주장할 수 없을 것이며, 의외로 고구려나 백제의 수법과 유물이 많이 발견된다면 그것을 통해 『삼국사기』의 관련 기록을 재해석해 볼 수 있을 것이기 때문이다.

3. 물길을 장악하면 지역을 장악한다

교동을 흐르는 물길

지도를 보면 예성강이 흘러나와, 한강과 임진강이 합류해 강화도 북쪽을 흘러 온 조강(祖江) 물결과 교동에서 만난다. 고려 수도 개경이 예성강가 벽란도를 통해, 조선 수도 한양이 한강 물길로 연결된 서해 바다를 통해 전국 및 세계와 통하였으므로 고려왕조와 조선왕조 천년 동안 교동은 수도로 연결되는 길목에 자리한 섬이었다.

옛 항로가 먼 바다를 돌아가는 것이 아니라 육지와 가까운 연근해를 주로 이용하였고, 세금을 실어 나르는 조운선이 다닌 물길이 수도와 연결된다는 점에서 교동과 그 주위를 흐르는 물길의 안정적 운영은 국가 재정의 근간을 확보하는 의미를 갖는다. 각 왕조의 운명을 가르는 것이었다고 해도 지나친 말은 아닌 것이다.

특히 조수간만의 차이가 큰 서해의 특성상 그러한 물길의 조건을 잘 아는 사람들은 드나들기 쉬워도 밀물때와 썰물때를 잘 모르는 사람들은 들어오기 어렵다는 점에서 외부 세력이 이 길을 이용하기 위해서는 교동 사람들의 도움이 필수적이었을 것이다.

교동 동남쪽 월선포구 옆 얕은 언덕에는 '사신당(使臣堂)'이라는 작은 집이 있다. 고려 때 교동 물길을 통해 개경으로 향하던 송나라 사신들이 남은 항해의 안전을 기원하던 곳이라는데, 비단 송나라 사신만이 아니라 교동 사람들도 가깝던 멀던 바다로 나갈 때 여기서 무사 귀환을 빌었을 것이다.

교류의 물길과 전쟁의 물길이 다르지 않다

이렇게 열린 물길을 통해 반가운 손님만 찾아온 것은 아니다. 신라의 요청을 받은 당나라는 660년에 백제를 공격하기 위해 13만 대군을 보냈고,[37] 3년 뒤에는 백제 부흥군을 진압하기 위해 또 40만 대군이 바다를 건넜다.[38]

13만과 40만이라는 헤아리기조차 어려울 정도의 대군이 수백, 수천척의 배를 타고 황해를 건너오는 모습은 분명 교동 사람들의 눈에 들어왔을 것이다. 덕적도를 기착지로 한 당군의 선단은 교동 언저리에서 방향을 남쪽으로 틀어 내려갔을 것이기 때문이다.

8세기에 활약한 당나라 재상 가탐(賈耽)은 당에 조공하러 온 사신들에게 들은 견문을 모아 당나라에서 다른 나라들로 가는 행로를 기록했는데, 신라로 이르는 길은 다음과 같이 적었다.

등주에서 동북쪽 바닷길로 가서 대사도 구음도, 말도,
오호도 삼백리를 지나 북쪽으로 오호해를 건너면 마석

산 동쪽의 도리진 이백리에 이른다. 동쪽에 해변이 있다. 청니포, 도화포, 행화포, 석인왕, 탁타만, 오골강 팔백리를 지나면 곧 남쪽에 해변이 있다. 오목도 패강구, 숙도를 지나면 신라 서북의 장구진에 다다를 수 있다. 또 진왕석교, 마전도, 고사도, 득물도 천리를 지나면 압록강 당은포구에 이른다. 여기서 동남쪽 육로로 칠백리를 가면 신라 왕성이 이른다.[39]

득물도를 지나 압록강에 이른다는 건 명백한 착오지만 신라 서북의 장구진(長口鎭)이 황해도 해안가 어딘가에 있었다고 하므로, 여기에서 덕적도를 가리키는 득물도까지 가는 길은 옹진반도를 통과해 교동을 지나쳐 남쪽으로 가는 방법밖에 없다. 마전도니 고사도니 하는 섬이 현재 어느 섬을 가리키는 지 분명치는 않지만 그 물길의 어느 지점에 교동이 놓여 있는 건 분명하다. 백제를 멸망시킨 당나라의 군대도, 신라와 우호를 다지던 시기의 당나라의 사신도 같은 물길을 이용한 셈이다.

844년에는 신라가 강화도에 혈구진(穴口鎭)을 설치한다.[40] 아마도 완도에 청해진을 설치한 뒤에 서남해안의 해적세력을 소탕했던 경험을 바탕으로 서북해안의 해적세력을 소탕하여 물길의 안전을 확보하기 위한 것으로 짐작된다. 사신이 오가는 길목에 해적이 출몰하는 것을 방치할 수는 없었을 것이다.

신라의 교동에서 고려의 교동으로

정세는 혼란스러웠다. 신라 임금의 명령은 멀었고, 고을의 뿌리 깊은 가문은 가까웠다. 호족(豪族)이라 부르는 세력의 등장이다. 이들은 개성에 근거를 둔 왕건(王建)을 중심으로 새로운 나라를 세웠다. KOREA의 어원이 된 고려다. 엄밀히 따지면 고구려가 고려라 이미 줄여썼고, 궁예도 고려를 세웠으니 왕건을 태조로 한 왕조만을 고려라 하기는 어색하다.

어쨌든 왕건은 바다를 무대로 자라난 사람이었다. 그 선대가 해상 세력이었음을 『고려사(高麗史)』에서 다음과 같이 전하고 있기 때문이다.

민지의 『편년강목』에는 혹 이런 이야기도 있다고 서술되어 있다.…이에 작제건은 옻칠한 배에 칠보와 돼지를 싣고 바다에 떠서 순식간에 해안에 다다르니 거기는 곧 창릉굴(昌陵窟) 앞 강안(江岸)이었다. 백주 정조(白州正朝) 유상희(劉相晞) 등이 그 소식을 듣고 "작제건이 서해 용왕에게 장가를 들어 왔으니 실로 큰 경사로다"라고 말하면서 개주(開州), 정주(貞州), 염주, 백주(白州)의 4개 주와 강화(江華), 교동(喬洞), 하음(河陰)의 3개 현 사람들을 데리고 와서 그를 위하여 영안성(永安城)을 쌓고 궁실(宮室)을 건축하여 주었다.[41]

이 설화는 왕건의 할아버지인 작제건이 서해 용왕의 딸과 결혼하게 되는 과정을 전하는 것인데, 설화 내용 중 백주의 세력가로 보이는 유상희가 동원한 백성들 중 강화·교동·하음이 등장한다. 하음은 강화군 하점면 일대이니 강화도와 교동도가 왕건 집안과 관련되었다고 할 수 있다.

이것은 왕건 집안의 정치적·경제적 기반이 사실상 황해도와 경기·인천지방의 해역을 장악한 데 있었음을 보여주는 예이다. 거꾸로 말하면 교동사람들은 일찍부터 왕건 집안과 관계를 맺고 공동운명체가 된 것이다.

바다를 잘 알고 물길을 능숙하게 휘저은 왕건의 후예들도 바닷길을 잘 활용했다.

이렇게 고려 왕실과 직접 연계되어 등장한 교동 주변의 물길은 고려시기 내내 중요한 해상교통로로 이용되었다. 송나라 사신 서긍(徐兢)은 1123년 고려에 올 때 영종도에서 예성강에 이르는 사이의 주요 지점을 자연도(紫燕島)→급수문(急水門)→합굴(蛤窟)→분수령(分水嶺)→예성항(禮成港)의 순서로 적었다. 자연도는 영종도의 옛 이름이고 급수문은 물살이 세찬 곳일테며, 분수령은 물길이 갈라지는 어느 곳이라는 걸 이름만으로도 알 수 있다.

송나라의 역사를 기록한 『송사』에는 고려에 이르는 길을 이렇게 묘사했다.

예성강은 양쪽 산 사이에 있는 협곡으로 둘러싸였기

▲ 교동 화개산에서 바라본 예성강 하구

때문에 강물이 여울져 흐르는데, 이를 급수문이라 일컬
으며, 가장 험한 곳이다. 또 3일을 가면 강기슭에 다다르
는데, 여기에 벽란정이란 객관이 있다. 사신은 여기에서
비로소 육지로 올라가 험한 산길을 40여리쯤 가면 고려
의 국도에 이른다고 한다.[42]

여기서 예성강이 문제다. 예성강이 어딘지를 추정하는 근거는 급

수문과 분수령의 위치이다. 서긍은 급수문과 분수령을 거쳐 예성항에 이른다고 하였고, 『송사』에는 예성강에 도착한 뒤에 급수문과 분수령을 지나는 것으로 나온다.

그런데 벽란정은 강화도의 북쪽에 있는 예성강 하구에 있던 것이 분명하고, 예성강에서 볼 때 고려의 도읍 개경은 동쪽 방향에 있으므로, 구태여 강을 거슬러 올라갈 필요가 없다.

이렇게 보면 양쪽 산 사이에 협곡으로 둘러싸여 물살이 급하다는 예성강은 교동·석모도와 강화도 사이를 흐르는 물길이거나 김포반도와 강화도 사이를 흐르는 염하(鹽河)를 가리킬 가능성이 높다.

예성강 하구에서 흐르는 물길이 자연스럽게 교동과 강화도 사이를 지나 석모도와 강화도 사이를 거쳐 남쪽으로 흐른다는 점을 보면 옛 사람들은 육지 사이를 흐르는 현재의 예성강 물줄기를 교동과 강화사이의 바닷길하고 이어서 본 것은 아닐까?

강처럼 생겼으되 강이 아닌 교동 주변의 물길은 이런 의문 아닌 의문을 남긴 채 여전히 흐르고 있다.

참고문헌

『삼국지』

「광개토왕릉비문」

『신당서』

『송사』

『삼국사기』

『고려사』

『세종실록』지리지

『동국여지승람』

『동국여지지』

『여지도서』

『여도비지』

『대동지지』

『교동부읍지』

『교동군읍지』

「조선총독부관보」

강화군 군사편찬위원회, 『신편 강화사 증보』중, 2015.

凌純聲, 『松花江下游的赫哲族』, 國立中央研究院歷史言語研究所, 1934.

문안식, 「백제의 평양성 공격로와 마식령산맥 관방체계 구축」, 『한국고대사탐구』
     22, 한국고대사탐구학회, 2016.

서길수, 「'고구려'와 '고려'의 소릿값(音價)에 관한 연구」, 『고구려발해연구』27, 고
     구려발해학회, 2007.

유창균, 『한국 고대한자음의 연구 I 』, 계명대 출판부, 1980.

윤명철, 「강화지역의 해양방어체제연구-관미성 위치와 관련하여」 『사학연구』
    58·59, 한국사학회, 1999.

윤일녕, 「관미성위치고」, 『북악사론』2, 북악사학회, 1990.

이종봉, 「조선전기 도량제도 연구」, 『국사관논총』95, 국사편찬위원회, 2001.

인천광역시, 『인천의 지명유래』, 1998.

인천광역시사편찬위원회, 『인천의 지지와 지도』하, 2015.

천관우, 『고조선사·삼한사연구』, 一潮閣, 1989.

바다 문 끝없고 푸른 하늘 나직한데
돛 그림자 나는 듯하고 해는 서로 넘어가네
산 아래 집집마다 흰 술 걸러내어
파[蔥] 뜯고 회 치는데 닭은 홰에 오르려하네

2장

교류와
전란의 시기

정학수
(인천역사문화센터 연구원)

1. 고려의 해상 관문, 교동

사서에 전하는 고려시기 교동도

고려시기 사서에서 '교동'을 검색하면 대략 11가지 사실을 확인할 수 있다.[01]

① 태조 왕건의 조부 작제건을 위해 교동현 등지 백성들이 영안성을 쌓고 궁실을 지어준 일[02]

② 최충헌을 제거하려다 실패하여 강종~고종 때 희종을 교동현 등지로 옮긴 일[03]

③ 1253년(고종 40) 11월 교동 별초가 서해도 평주성 밖에서 몽골군을 공격해 전과를 올린 일[04]

④ 명종 때 교동에 감무가 파견되었고, 고종 때 설공검이 교동 감무에 임명된 일[05]

⑤ 1259년(원종 즉위) 9월 몽골 사자들이 강도(江都)와 육지 형편을 살피기 위해 교동 등지로 이동한 일[06]

⑥ 1270년(원종 11) 5월 임유무가 출륙환도하려는 원종과 몽골군을 막기 위해 교동을 지키게 한 일[07]

⑦ 1271년(원종 12) 6월 몽골이 교동에서 난다는 팔랑충(八郞虫) 등 희귀한 물품을 요구한 일[08]

⑧ 1278년(충렬왕 4) 7월 개경과 강도를 감시하기 위해 몽골 원수가 주둔한 서해도 염주는 교동도와 매우 가깝다는 것을 언급한 사실[09]

⑨ 1294년(충렬왕 20) 7월 충렬왕이 고려 출신 몽골 불승(佛僧)에게 쌀과 토지를 하사하고 교동현에 집을 마련해서 일족이 모여 살게 하고 역(役)을 면제해준 일[10]

⑩ 공민왕~우왕 때 교동을 침략한 왜구 및 대책, 주민 대피 관련 사실[11]

⑪ 1372년(공민왕 20) 11월 교동도 해역은 수심이 얕아 위험하니 명에 육로를 열어줄 것을 요청한 일과 1375년(우왕 1) 12월 명에 파견한 하정사가 풍랑으로 되돌아와 교동에 정박한 일[12]

『고려사』와 『고려사절요』에 전하는 기사를 토대로 고려시기 교동에 관한 면모 대여섯 가지를 그려볼 수 있다.

첫째, 교동도는 고려 건국 이전 적어도 9세기 후반에는 예성강 일대를 배경으로 성장한 송악군 출신 왕건 가문의 세력권일 가능성이 있다.

둘째, 11세기 초 현종 이후 강화 현령의 지배를 받다가 무인집권기가 시작되는 12세기 후반 명종 때부터 교동에 파견된 감무의 지배를

▲ 『고려사』 고려세계의 교동 관련 기사.
태조 왕건의 조부 작제건이 서해 용왕의 딸과
혼인하고 돌아오자 배주 정조 유상희 등이 개
주·정주·염주·배주 4주와 강화·교동·하음 3현
의 백성들을 거느리고 와 작제건을 위해 영안
성을 쌓고 궁실을 지어주었다는 내용이다.

받게 되었다.

셋째, 고종 때는 희종과 그의 형(왕서)이 유배 온 곳이다.

넷째, 강도시기에는 교동 별초가 조직되어 있었으며, 교동은 강도
를 지키는 요충지로 인식되었다.

다섯째, 고려 말 왜구가 창궐하던 때에는 왜구의 집중 공략지였고
이 때문에 고려정부는 한때 교동 백성들을 도성 근처로 피난시킨 적
이 있었다.

마지막으로 교동도는 달여서 먹으면 양기를 더해준다는 '팔랑충'
이라는 희귀한 벌레 생산지로 거론된 적이 있으며,[13] 원 간섭기 때 고

려 출신 몽골 승려 일족을 모여 살게 한 적이 있고, 명에 사행하는 바
닷길의 기항지로 사서에 등장하였다.

▲ 강화도 평화전망대에서 본 예성강 입구
　중앙의 산이 배천의 미라산(彌羅山, 203m)이고 바로 산 너머에 고려의 국제무역항 예성항(벽란도)이 있었다.

『고려사』세가와 지, 열전 그리고 『고려사절요』에 보이는 교동 관련 기사는 대부분 단발성이다. 그런데 중복을 제외하면 희종 유배 관련 기사가 4건 정도이고, 고려 말 왜구 관련 기사는 20여 건에 달해 압도적으로 많다.

이는 기록의 부실도 있겠으나 『고려사』와 『고려사절요』가 일상적인 일보다 특별한 사건·사고를 중심으로 기록했으며, 특히 권력자 최충헌이 희종을 폐한 일이나 왜구 창궐과 같이 고려왕조에 부정적인 사실은 빼놓지 않고 기재한 조선왕조의 고려사 편찬 방침에도 기인하는 바가 있다.

고려 때 교동도는 왜 중요했을까

후삼국시기인 928년(태조 11) 8월 신라 승려 홍경이 후당(後唐)에서 『대장경』1부를 배에 싣고 예성강에 이르자 왕이 친히 맞이하여 제석원(帝釋院)에 모셔두었다고 한다.[14] 이처럼 고려가 도읍을 개경(開京, 개성)으로 정하고 물자와 사람의 출입 항구로 도성에서 서쪽으로 30~40리(약 15㎞) 정도 떨어져 있는 예성강 하구의 예성항(禮成港)을 이용하면서부터 교동도는 고려의 해상 관문 역할을 하였다. 교동도가 예성강 입구에 위치하고 있어서 송과의 왕래는 물론 하삼도의 조운선 등 예성항을 드나드는 국내외 선박들은 반드시 교동도를 거쳐야 했기 때문이다.

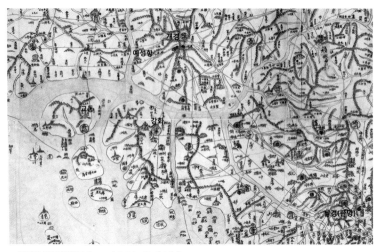

▲ **예성강 하구 일대**(동여도, 19세기 중반, 서울대규장각)

　12세기 전반 인종 때 개경을 방문한 송의 사신 서긍도 개봉(開封, 변경)에서 교동도 수역을 경유하여 예성항에 이르는 여정을 자신의 사행 보고서인 『고려도경』에 상세히 적어 놓았다. 이와 같이 교동도는 국초부터 고려와 개경의 해상 관문이었음에도 『고려사』 등의 관련 기록은 소략하다.

　실제로 고려시기 사서에 전하는 교동 관련 기사 중에서도 고려 전기에 해당하는 것은 태조 왕건의 조부 작제건을 위해 교동 등지 주민들이 영안성과 궁실을 쌓았다는 기사 1건 뿐이다. 나머지는 모두 고려 후기 기사들이고 특히 강도 방어, 왜구 침략과 대비책, 명과의 사행로 관련 기사들을 통해 주로 개경의 해상 관문으로서 교동도의 면모가 드러나 있다.

　그러나 사서의 기록이 소략하다고 해서 교동도의 지리적 위치와 위상이 중요하지 않았던 것은 아님을 유의할 필요가 있다.

고려 전기에 해상 관문의 면모가 드러나지 않는 것은, 후삼국 전쟁 시기 고려의 수군기지가 예성항과 정주(貞州, 승천부)에 있었으며,[15] 11~12세기 고려를 위협한 대상은 북방의 거란(요)이나 여진(금)이었고 그들의 침입 경로나 통행 길에서 교동도가 비켜나 있었기 때문이라는 설명이 있다.[16]

예성강 일대에서 군사 행위 관련 기록은 후삼국 전쟁 때였던 932년(태조 15) 9월 후백제 수군이 예성강에 침입하여 염주·배주·정주 세 고을의 배 100척을 불사르고 저산도(猪山島)에서 기르던 말 300필을 탈취하여 돌아간 사건[17]이 고려 중기인 12세기까지 유일하다. 대신 문종 32년(1078) 6월 송의 사신 일행이 예성강에 도착하자 병부상서 등에게 맞이하게 했다는 기사[18] 등이 보인다.

그러니까 후삼국시기 후백제와의 전쟁이 종식된 이후부터 고려 전기까지 교동도는 예성항을 드나드는 각종 선박들의 경유지나 기항지이긴 했지만 적어도 군사적인 해양 방어(줄여서 '海防'이라 함) 요충지는 아니었던 셈이다. 바다를 통한 외적의 침입이 예상된다면 당연히 중시되었을 것이므로 이는 교동도에 외관이 파견되지 않았던 이유이기도 할 것이다.

교동도는 신라 때부터 교동현으로 불렸으며, 호음현(沍陰縣, 고려 때 하음현), 수진현(守鎭縣, 고려 때 진강현)과 함께 해구군(海口郡, 고려 때 강화현)의 지배를 받았다. 고려시기에 들어와서도 이웃 섬인 강화도를 관할하는 강화 현령을 통해 간접 지배를 받다가 12세기 후반 무인집

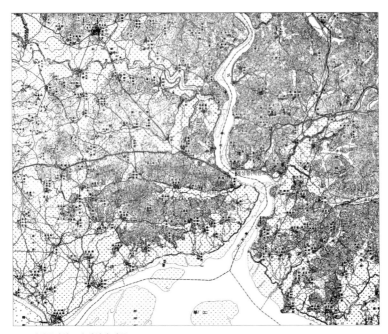

▲ 근세한국지형도의 예성강 하구(조선총독부, 1910)

▲ 예성강과 벽란도 모습(개성군면지, 1926)

권기가 시작되는 명종 때 비로소 교동 감무를 통한 직접 지배를 받게 된다.

감무는 고려시기 중앙정부가 외관이 파견되지 않았던 속현(屬縣) 지역에 파견한 외관을 말한다. 외관이 파견된 군현이 주현(主縣)인데, 고려시기에는 전체 500여 군현 가운데 1/3 정도만 주현이었다. 감무는 고려사회가 전기에서 후기로 전환하는 시기에, 주로 외관이 파견되지 않은 속현 지역에서 일어나는 민의 유망(流亡, 가혹한 세금 등 주로 경제적인 이유로 살던 곳에서 떠나는 것)을 방지하고 농상을 권장하기 위해 12세기 초 예종 때부터 파견되기 시작하였다.[19]

명종 때 교동현에 파견된 감무는 집권 무인들이 그들의 정치경제적 기반을 구축하기 위해 전국 370개 속현 중 60여 속현 지역에 파견한 감무 가운데 하나였다. 하지만 교동도가 중앙에서 파견하는 외관을 먹여 살릴 수 있는 사회경제적 여건이 갖추어졌기 때문에 가능한 일이었다.

그런 면에서 교동도는 고려 건국 이후 250여 년이 지난 12세기 후반에 와서야 정부가 외관을 파견할 만큼 주목했다고 할 수 있다. 간접 지배에서 직접 지배라는 방식의 변화를 통해 교동도의 지정학적 중요성이 고려 중기 이후 더욱 커져갔음을 짐작해 볼 수 있다.

고려정부가 교동도를 지정학적으로 더욱 중요하게 인식하게 된 계기는 아무래도 13세기 전반 몽골과의 항쟁을 위해 도읍을 개경에서 강화도로 옮기면서부터인 듯하다. 강도와 바로 이웃한 섬이자 서해도의 염주·배주 등 육지와도 지리적으로 매우 가깝기 때문이었다.

▲ **강화지도**(여지도서, 1760년, 한국교회사연구소)
　현재 남아 있는 교동읍성, 강화산성, 강화돈대, 강화외성, 정족산성(삼랑성), 문수산성 등이
그려져 있다.

▲ **강화지도**(접역지도, 19세기 중엽, 서울대규장각)
　한양의 해상 길목을 지키는 방어시설이 해로(수로)와 함께 표시되어 있다.

특히 고려 말 교동도는 사서에 등장하는 바와 같이 개경을 목표로 한 왜구의 침략으로 인해 전략적 중요성이 크게 부각되었다. 때문에 교동도의 해상 관문 역할은 도읍을 한양으로 옮긴 조선 때에도 계속되어 강화도와 함께 '나라의 문호(門戶)' 또는 인체의 목구멍이라는 '인후지처(咽喉之處)'로 불리며 해방의 핵심기지로 기능하였다. 조선 후기에 만들어진 「여지도서(輿地圖書)」와 「접역지도(鰈域地圖)」의 강화지도를 보면 교동도가 강화도와 함께 한양을 지키는 전략 요충지임이 지도에 잘 표현되어 있다.

예성항을 향해 있었던 교동도

현재의 교동도는 동쪽의 화개산(259.5m)과 남서쪽의 수정산(126m) 그리고 서북쪽의 율두산(89.5m)을 중심으로 한 3개의 섬이 자연변화와 간척을 거치면서 하나의 섬이 되었다.[20] 교동도가 언제부터 하나의 섬이 되었는지는 분명하지 않다.

『고려사』 지리지에 교동현은 "바다 가운데 있으며, 강화현의 바로 서북쪽, 염주의 남쪽에 있다"고 하였다. 또 『세종실록』 지리지에는 "현(縣)이 바다 가운데 있으니 바로 강화부의 서북쪽이요 연안부의 동남쪽이 되며, 동서가 22리 남북이 29리"라고 하면서 교동현에 속해 있는 섬으로는 송가도(후에 매음도와 연결되어 석모도가 됨)만 언급하고 있다. 이로 미루어 볼 때 교동도는 위 복원도에서 보는 바와 같이

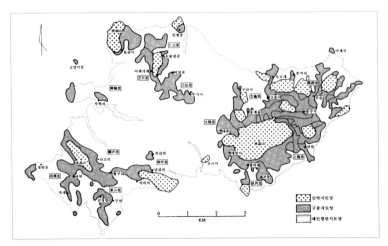

▲ 토양도를 근거로 복원한 간척 이전 교동도(최영준·홍금수 작성)

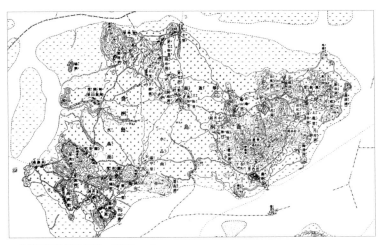

▲ 5만분의1지형도의 교동(조선총독부, 1918)

점선 윤곽의 해안선이 조선 후기에 만들어졌지만,[21] 고려시기를 거치면서 조선 초기에는 (교동현 읍치가 있는 화개산 일대를 중심으로 한) 사실상 하나의 섬으로 인식된 것 같다. 현재의 교동도는 동서 10㎞, 남북 6㎞, 면적은 47.17㎢로 전국에서 13번째로 큰 섬이다(참고로 강화도의 면적은 305.5㎢).

고려시기 교동도의 중심지는 개경을 향해 있었다. 강화군 교동면 고구리(古龜里) 301번지 일원에 고읍성(古邑城)이 남아 있는데, 화개산 북쪽 기슭에 위치한 이곳이 고려시대 교동현의 치소였다.(5만분의1지형도의 빨간색 네모 표시 참고)

고읍성은 '고목근현지(高木根縣址)'로 알려져 있다. 둘레 1,171m 규모이고 돌과 흙으로 쌓았지만 현재 석축과 토축 일부만 남아 있다. 동

▲ **고읍성 안내판**(2015년 2월 촬영)
교동대교를 건너 읍내 쪽으로 가다 고구저수지 300m 정도 못미처 교동동로 293번길로 좌회전해서 조금 들어가면 마을 입구 왼쪽에 있는 안내판을 볼 수 있다. 안내판 뒤에 언덕처럼 보이는 것이 흙으로 쌓은 고읍성 성곽이다.

서남북으로 성문이 있었을 것으로 추정되지만 안내판 인근에 있는 서문 터만 확인할 수 있었다. 또 성 내부에는 타원형 연못과 장방형 관아 추정지를, 성 외부에서는 원형 감옥 추정지를 발견했다고 하지만,[22] 관아 추정지만 확인할 수 있었다.

고읍성은 조선 인조 때 화개산 남쪽의 현재 교동읍성(읍내리 875번지)으로 읍치를 옮기기 전까지 교동현의 치소이자 교동도의 중심지였다. 고려시기에는 이곳에 교동 향리들이 모여 고을 사무를 처리하던 '현사(縣司)'가 있었고, 감무가 파견되었을 때는 감무관이 거처하는 '공아(公衙)'가 관아 터에 마련되어 있었을 것이다. 그렇다면 유적 명칭도 고구려 때의 이름에서 유래한 고목근현지로 부르기보다 교동현에서 유래한 교동고읍성으로 부르는 것이 더 타당할 것이다.[23]

▲ 고읍성 관아 추정지에서 동남쪽을 향해 본 모습(2015년 2월 촬영)
고읍성 남쪽에 화개산이 있는데, 사진 오른쪽이 화개산 자락이다.

▲ 고읍성 안쪽에서 관아 추정지를 바라본 모습(2015년 2월 촬영)

고읍성 서쪽 인근에는 1976년에 만들어진 고구저수지가 있는데,
고려시기에는 이곳이 바다였으므로 교동현 읍치의 포구는 북동쪽의
예성항을 향해 열려 있었다.

▼ 화개산성(고구리산성)에서 본 고읍성 모습
　붉은색 원 표시가 관아 추정지이다. 왼쪽 고구저수지가 바다처럼 보이는데, 고려시기에는 저수지 쪽
　포구를 통해 개경과 왕래했을 것이다.

고려 말의 관료이자 대학자 목은 이색(李穡, 1328~1396)은 14살 때 교동도의 화개산에서 친구 두 명과 함께 책을 읽은 적이 있었다. 그가 '교동'을 제목으로 읊은 칠언절구에도 돛단배가 교동도 주변을 지나는 정경이 묘사되어 있다.

바다 문 끝없고 푸른 하늘 나직한데/海門無際碧天低

돛 그림자 나는 듯하고 해는 서로 넘어가네/

帆影飛來日在西

산 아래 집집마다 흰 술 걸러내어/山下家家篘白酒

파[蔥] 뜯고 회 치는데 닭은 홰에 오르려하네/

斷蔥斫膾欲鷄棲[24]

치소에는 향교도 있었다. 교동향교는 조선 영조 때 화개산 남쪽으로 옮겨갔는데 현재 읍내리에 있는 교동향교를 소개하는 글에 보면, "안향(安珦, 1243~1306)이 국학학정 김문정(金文鼎)에게 원에 가서 선성십철(宣聖十哲)의 상과 문묘의 제기를 구해오게 했는데, 김문정 일행이 서해로 귀환하면서 교동에 기착하여 문묘에 봉안했을 것으로 추측"되고,[25] "교동 기착이 문헌으로는 확인되지 않지만 현재까지 교동향교는 공자 화상을 처음 모셨던 곳으로 추앙받고 있다"[26]고 한다. 이러한 추측을 통해 만들어진 이야기는 교동도가 예성항에 이르는 주요 기항지였던 데서 기인한 것으로 여겨진다.

교동도가 해상 관문의 주요 기항지였음을 보여주는 또 다른 사례

▲ **교동지도**(여지도서, 1760년, 한국교회사연구소)
이 지도에는 향교가 화개산과 교동읍성 사이에 그려져 있어 향교가 화개
산 남쪽으로 옮겨간 이후 제작된 것임을 알 수 있다. 교동읍성 남서쪽에
진망산(남산)이 그려져 있고 그 아래에 군기고(軍器庫)가 표기되어 있다.

로는 사신관(使臣館)과 대변창(待變艙), 사신당(使臣堂)과 관련해 전해
지는 이야기이다. 현재 교동읍성의 서남쪽에 있는 남산(50m)은 조선
때 봉수대가 있어 진망산(鎭望山)으로도 불렸는데, 고려시기 이래 이
산 아래에 사신들이 숙소로 이용하는 사신관이 있었고, 배를 대는 남
산포 선창가 바위 위에 '사신이 배에 오르는 길'이라는 뜻의 '사신등
선지로(使臣登船之路)' 글자를 정으로 쪼아 만든 돌계단이 있었다고
한다.[27] 또 대변창(待變艙)은 진망산에 있던 선착장인데 고려 때 중국
을 오가던 사신이 머물던 곳이라는 뜻에서 대빈창(待賓艙)의 음이 변
해 생긴 것으로, 여기서 사신을 맞이했기 때문에 붙여진 명칭이라는
것이다. 사신관 터와 글자가 새겨진 남산포 선착장의 돌계단을 직접
확인하지는 못했다.

　그리고 남산 위에는 중국 사신들의 배가 안전하게 항해하기를 기

▲ 남산포의 남산
산 정상에 사신당지가 있다. 사진 오른쪽에 산 정상에 오를 수 있도록 밧줄을 설치해 놓았다.

▲ 사신당지(使臣堂址) 안내판과 당집
안내판에는 고려 때 송나라 사신이 해로를 이용하여 왕래할 때 교동도 앞바다를 지나면서 무사태평하기를 기원하며 제사를 지내던 당집인데, 6.25 때 없어졌던 것을 다시 건립했다는 내용이 적혀 있다.

원하는 의미에서 사신당이 세워졌다고 하며, 사신들이 중국으로 건너가기 전에 교동도 남산포에 내려 당집에서 항해의 안전을 기원했다고 전해진다.[28] 지금도 밧줄을 잡고 남산에 오르면 시멘트로 지은 1칸짜리 당집을 볼 수 있다.

남산포 주변의 사신관과 당집, 대빈창이라는 선착장은 고려시기에 사용되었을 가능성도 있지만 화개산 북쪽에 있었던 교동현 치소 위치와 예성항과의 경로를 고려하면 고려시기보다는 조선시기 사실과 관련 있을 것으로 생각한다.

남산(진망산)

사신당지

▲ 화개산 정상에서 본 **교동읍성과 남산포**
교동읍성 앞의 작은 섬이 응암(鷹巖, 매바위)이다.

2. 왜구, 교동을 유린하다

교동도가 개경으로 들어가는 바닷길의 입구에 위치했던
만큼 개경을 목표로 한 외적의 침입이 있을 때는 어김없이 공격을
받았다. 바로 고려 말 왜구 침입 때가 그러하였다.

왜구는 13세기부터 16세기까지 고려와 조선 연안을 무대로 약탈을
일삼던 일본인 해적을 말한다. 왜구는 '왜(倭)가 도둑질한다(寇)'는 뜻
이지만, 고려 말 이래 그들의 약탈 행위가 잦아지면서 '해적 행위를
하는 왜인'을 가리키는 말이 되었다.[29]

왜구의 고려 침입은 고종 10년(1223) 5월 금주(金州, 김해)를 침략한
이래 공양왕 4년(1392)까지 169년간 530여 회에 이른다. 왜구 침입이
본격화화는 충정왕 2년(1350)부터 42년간 침입 횟수는 517회, 특히 침
입이 심했던 우왕 때는 연평균 27회, 우왕 9년(1383)에는 50회에 이른
다.[30]

왜구는 5도(경상·전라·양광·서해·교주도)와 양계(북계·동계)의 해안 지
방은 물론 내륙까지, 교동과 강화를 거쳐 개경과 경기 등 내륙 깊숙
이까지 침략하였다. 이들은 한반도 전역을 약탈 대상으로 삼았을 뿐
만 아니라 중국에까지 미쳤다. 마치 9~11세기에 유럽의 광범위한 지
역을 습격하고 약탈을 일삼아 특히 북유럽 서해 일대를 공포에 몰아

넣었던 덴마크·스웨덴·노르웨이 출신의 바이킹을 연상케 한다.

왜구 규모는 적을 때는 수십 척, 많을 때는 수백 척에 이를 정도로 대규모였다. 1360년(공민왕 9) 윤5월에는 강화를 노략질하여 300여 인을 죽이고 쌀 4만여 석을 약탈한 바와 같이 단순한 해적이 아니라 전투력을 가진 조직적 군대였다. 이들은 주로 조운선과 창고를 공격하여 미곡을 약탈하고 사람을 잡아가기도 하였다. 1377년(우왕 3) 5월 강화에선 살육과 약탈을 자행하면서 부사 김인귀를 죽이고 수졸(戍卒) 1천여 명을 잡아갔다.[31]

왜구가 창궐하자 국토는 황폐화 하였다. 농사가 되지 않자 국가재 정이 고갈되어 관리에게 녹봉 지급도 어렵게 되었고, 조운 불통으로 개경에 기근이 들자 포 1필로 쌀 5되밖에 사지 못할 정도로 쌀값이 폭등하기도 하였다.

이에 고려정부는 방어군을 조직하여 왜구 격퇴를 도모하는 한편 바닷가에 있는 창고를 내지로 옮기거나 바닷길을 이용하는 조운 대신 육지로 조세를 운반하기도 하였다. 하지만 고려 말까지 왜구가 완전히 소탕되지는 않았다. 왜구는 주로 경제적인 문제로 발생했기에, 왜구가 중국 연해안까지 침략하자 국제 문제가 되었지만 일본정부로서도 이들의 경제적 상황이 호전되지 않은 상황에서는 노략질을 막을 수 없었다.

왜구의 노략질에 가장 직접적인 피해를 입은 것은 일반 백성들이었다. 『고려사』 열전에는 1377년(우왕 3)에 왜구가 강화를 노략질하여 강화부사를 죽이는 등 분탕질을 할 때 강화부 향리의 세 딸이 왜구와 마주치자 욕을 당하지 않으려고 함께 강(바다)에 뛰어 들어 죽었다는 내용이 전한다.[32] 백성들은 왜구를 피해 유리걸식하기도 하였고 심지어 가짜 왜구 행세를 하기도 하였다.

교동과 강화는 다른 지역보다도 왜구의 침입이 많았던 곳으로 공민왕과 우왕 때에는 31회의 침입이 있었다.[33] 왜구가 착량(손돌목)이나 조강에 침입한 것을 합하면 더 많았을 것이다. 이렇게 이 지역이 집중 침략의 대상이 된 것은 조운선이 개경으로 가는 길목인 동시에 농업생산량이 많아 보다 많은 약탈이 가능하였기 때문일 것이다.

다음은 교동에 침입한 왜구 관련 주요 내용이다.[34]

1352년(공민왕 원년) 3월 왜구가 교동에 침입하여 갑산창(甲山倉)에 불을 질렀다.[35] 왜구가 침입하자 부녀자들이 길을 막고 통곡했으며, 도성 사람들이 크게 놀랐다고 한다. 1357년(공민왕 6) 5월에도 교동을 노략질하였고 이에 경성(개경)에 계엄령이 내려졌다. 윤9월에도 교동을 침략하였는데, 상장군 이운목 등이 겁을 먹고 나약하여 싸우지 않았으므로 이운목을 순군에 하옥하였다.

1358년(공민왕 7) 4월과 5월 왜구가 교동을 불태우자 개경에 계엄령을 내리는 한편 개경의 각 방리(坊里) 장정들을 징발하여 전투에 동원할 군사로 삼았다. 1360년(공민왕 9) 윤5월에도 왜구가 교동현을 불태웠다.

1363년(공민왕 12) 4월 왜구의 배 213척이 교동에 정박하자 개경에 계엄령이 내려졌고, 1365년(공민왕 14) 3월에는 교동과 강화를 노략질하였으며, 4월에는 동강(東江, 임진강)과 서강(西江, 예성강)도 공격하였다.

1366년(공민왕 15) 5월에는 왜구가 조운선 3척을 빼앗았는데 죽고 다친 사람들이 매우 많았다. 또 교동현을 도륙하고는 주둔하여 돌아가지 않아서 개경 사람들이 매우 두려워하였다. 1373년(공민왕 22) 7월에는 왜적이 교동을 함락했다.

1376년(우왕 2) 7월에는 교동현 백성들을 (도성) 가까운 근처로 옮겨 왜구를 피하게 하였다.

왜구의 침입은 공민왕 때보다 우왕 때에 훨씬 많아지지만 교동과 강화지역으로의 침입 횟수는 상대적으로 줄어들었다. 여기에는 1376년(우왕 2) 윤9월부터 조세운반을 육운(陸運)으로 전환하였고, 1380년(우왕 6년) 경부터 정예 수군을 이 지역에 배치하여 해상방어력을 높였기 때문이었다. 특히 교동의 경우 우왕 때에는 단 1차례 침입 기록만 나오는데, 이는 우왕 2년에 교동 백성들을 육지로 옮긴 사실과 관련이 있다고 생각된다.

3. 교동도, 요새가 되다

　　고려는 원 간섭기 이후 왕의 친위군을 제외한 군사조직이 붕괴되어 독자적인 국방력을 갖추지 못하였다. 이에 따라 왜구 침입에 대응해서도 공민왕 초기 고려정부는 적극적으로 대처하지 못하였다. 공민왕 원년에 왜구를 잡도록 파견한 포왜사(捕倭使)는 임시관원으로 여겨진다.

　1358년(공민왕 7) 5월 왜구가 교동을 불태웠을 때 이 지역에 비교적 조직적인 방어체제가 나타난다. 이때 고려정부는 개경 방어를 강화하기 위해 동강과 서강, 교동의 수군 병력을 개경 5부 방리군과 홀지·충용위·성중애마 등 왕의 친위군으로 증강했던 것이다. 동강·서강·교동의 군사력을 강화하여 도읍 방위의 거점으로 삼으려 한 이때의 기본 틀은 이후에도 계속되었지만, 이때 충원된 병력이 전투병력이 아니었기 때문에 당장의 큰 성과는 거두지 못하였다.

　1358년에 모습을 드러낸 동강·서강·교동을 축으로 하는 개경 방위체제가 전국적인 조직으로 확대 개편된 것이 1377년(우왕 3) 3월의 6도도통사·동강도원수·서강도원수 체제이다. 이러한 개편은 바로 직

전에 착량·강화에 침입했던 왜구를 효과적으로 막지 못하고 큰 피해를 입었기 때문인 것으로 보인다.[36]

한편 공민왕 후반 이후 강화지역의 왜구 방어는 독자적인 군사력과 지휘체계를 갖춘 강화부사와 강화만호·교동만호가 담당하였다고 여겨진다. 그리고 1380년(우왕 6년)과 1383년에는 수군의 전문성 부족을 해결하기 위해 전라도 수군 중 정예한 자를 뽑아 교동과 강화로 옮겨 좌우변(左右邊) 수군이라 일컫고 그들에게 1인당 구분전(口分田) 1결 50부씩을 주었다고 한다.[37] 이 좌우변 수군이 곧 우왕 때 교동과 강화의 수군을 의미한다. 여기에 만호가 소속되었다는 것으로 보아 이들이 곧 교동과 강화만호였으며, 이들은 이때 전문적인 수군을 보충 받아 개경 방위에 중요한 역할을 했을 것으로 여겨진다.

이상과 같이 교동도는 고려 말 창궐한 왜구를 막는 과정에서 요새화 되어 갔다. 특히 주목되는 계기는 강화부 아전의 세 딸이 왜구를 피해 자결했던 1377년(우왕 3) 3월에 도통사 최영이 "왜적(倭寇) 방비를 위해 교동과 강화의 조세 일부를 군부사에 수납하고 군량을 비축함과 동시에 교동의 사전(私田)을 혁파하고 노약자를 내지로 옮기자"고 건의한 데 따른 것이었다고 생각된다.

최영(崔瑩)이 우왕에게 아뢰기를, "교동과 강화는 곧 왜적을 방수(防戍)하는 곳인데, 두 곳의 토지에서 나오는 것 모두가 겸병(兼幷)하는 가문에 들어가 사사로이 소비되니 어찌 도움이 되겠습니까? 오직 마니산(摩尼山) 참성(塹城)

의 제전(祭田)과 부관(府官)의 녹봉(祿俸) 이외의 나머지 토
지는 모두 군부사(軍簿司)에서 이를 거두고 또한 두 곳에
움을 파서 군량을 비축하십시오." 라고 하니, (우왕이)
이를 따랐다.[38]

　최영이 말하기를, "교동과 강화는 실로 요충지인데, 권
세가들이 다투어 토지를 점유하는 바람에 군수 물자가
조달되지 못하고 있습니다. 청컨대 사전(私田)을 혁파하
여 군량에 보충하십시오."라고 하니 신우가 옳다고 여겼
다. 이에 교동의 노약자들을 내지(內地)로 옮기고 장정들
을 머물게 하여 농상(農桑)에 종사하게 하였다.[39]

　고려정부는 우왕 때 교동의 노약자를 육지로 이동시키고 청장년
층을 전진 배치하여 군량미 확보와 변방수호라는 두 가지 목적을 위
해 교동도를 운영하였다고 보인다. 이는 교동도 전체를 요새화하기
위한 전략이었고 이에 따라 교동도는 보다 체계적이고 대규모로 간
석지가 매립, 개간되었을 것으로 생각된다.[40]
　고려 말의 왜구 침입은 교동에 대한 인식을 새롭게 하는 계기가 되
었다. 왕조의 심장부인 개경을 겨냥하여 이루어진 해상 침입에 교동
이 갖는 전략적 중요성이 크게 부각되었던 것이다.

참고문헌

『고려사』
『고려사절요』
『동문선』
『동사강목』
『속수증보강도지』(1932)

강신엽, 「제3편 강화의 문화재 제2장 관방 및 교통유적」, 『신편 강화사 중(증보)』(강화군 군사편찬위원회), 2015.

강화군 군사편찬위원회, 「제3편 고려시대의 강화」, 『신편 강화사』(강화군 군사편찬위원회), 2003.

강화군청·인하대학교박물관, 『강화 교동읍성 정밀 지표조사 보고서』, 2007.

박종진, 「제4편 7장 개경환도 이후의 강화」, 『신편 강화사 상(증보)』(강화군 군사편찬위원회), 2015.

유창호, 「제2절 고지도와 지리지로 본 교동」, 『교동향교지』(인하대학교 한국학연구소 편), 2012.

윤대원, 「여말선초 강화의 방위체제」(고려대학교 석사학위논문), 2002.

임용한, 「14~15세기 교동의 군사적 기능과 그 변화」, 『인천학연구』3(인천대학교 인천학연구원), 2004.

정요근, 「역사기행: 교동도 유적의 재발견」, 『내일을 여는 역사』, 2015.

최영준, 「제2편 제2장 강화의 간척사업과 지형변화」, 『신편 강화사 중권 문화와 사상』(강화군 군사편찬위원회), 2003.

최영준·홍금수, 「강화 교동도의 해안저습지 개간과 수리사업」, 『대한지리학회지』제38권 제4호, 2003.

최태희·주성지, 「제3편 강화의 문화재 제4장 유교문화재」, 『신편 강화사 중(증보)』, 강화군 군사편찬위원회, 2015.

오늘날 교동의 주민들 중에 전라도에서 온 수군의 후손들이 어느 정도인지는 알 수는 없다.
하지만 후손들이 있고없고를 떠나, 멀리(당시로서는 정말 어마어마하게 먼 곳이었을 것이다) 전라도에서 교동까지 와서
교동을 비롯한 서해안의 방어를 위해 고된 수군의 임무를 수행해야 했던
그들을 기리는 자그마한 표석이라도 바닷가에 하나 두면 어떨까? 교동의 바다를 바라보다가 문득 든 생각이다.

3장

나라를 지키는 섬

안홍민

(인천역사문화센터 연구원)

1. 조선왕조가 주목한 섬

왜구의 공포와 교동

사람들은 교동이라고 하면 어떤 이미지를 먼저 떠올릴까? 아마도 일반인들에게 교동은 바다를 경계로 한 북한과의 최접경지대이자 드넓은 농토를 지닌 쌀의 산지로 기억될 것이다. 또한 TV의 인기 예능 프로그램에서 배경으로 소개된 대룡시장도 유명하다. 교동대교가 놓인 이후에는 한적한 산과 바다 그리고 농토의 풍광을 즐길 수 있는 수도권의 주말 인기 나들이 장소이기도 하다.

그렇다면 교동의 역사적 이미지는 어떨까? 아마 교동의 역사를 이야기할 때 많이 언급되는 것은 역시 조선시대의 모습일 것이다. 교동의 역사에 대한 이미지는 여러 가지가 있을 수 있지만 아마도 교동이라고 하면 사람들은 서해를 방어하는 중심기지로서의 모습을 가장 많이 떠올리지 않을까? 국방, 관방의 중심지로서 역사에 남은 교동의 모습은 조선시대에 형성된 것이라 할 수 있다. 아직 연구가 활발히 이루어졌다고 보기는 힘들지만, 역사 전문가들에게도 교동의 역사, 특히 전근대사에서 가장 많이 언급되는 부분은 국방, 관방에 대한 것이다.

교동의 이러한 이미지를 만드는 데 조선초기 가장 큰 영향을 미친 존재는 왜구였다. 어떤 역사학자가 교동의 역사에는 '낭만과 공포'가 공존한다고 했는데,[01] 정말 적확한 표현인 것 같다. 그런데 '낭만'과 '공포' 중에서도 교동의 역사적 성격의 상당 부분은 고려말부터 기승을 부린 왜구라는 '공포'에서 만들어졌다고 할 수 있다.

　　고려시대의 교동은 서해를 통한 대외 교통과 물류의 중심지이기도 하였지만, 말기에 왜구의 극심한 침공으로 큰 고통을 받아야 했다. 교동뿐 아니라 고려의 섬과 연안 지역은 왜구의 약탈과 살육으로 백성의 거주가 불가능할 지경에 이르렀다. 고려말의 왜구는 국난(國難)이라고 표현해도 부족함이 없는 지경이었다. 1363년(공민왕 12)에는 교동을 침입한 왜구의 선박이 무려 213척이었다고 한다.[02] 명량해전에서 조선수군이 맞서 싸운 일본의 전함이 133척이었다. 이 정도 수준이면 그냥 해적이나 도적의 문제가 아닌 국난이라고 충분히 말할 수 있는 것이다.

　　교동은 '탄환 만한 작은 섬'이었지만 수도 개경 및 경기·황해도 해안으로 진입하는 중요한 교통로였다. 왜구도 이러한 점을 잘 알고 개경이나 황해도 연안에서 노략질을 하기 위한 중간기지로 교동을 활용했던 것 같다.[03] 왜구의 침공으로 교동이 위험해지면, 개경도 위험해지는 것이었다.

　　고려왕조가 막을 내리고 등장한 조선왕조에서도 상황은 마찬가지였다. 다소 진정세를 보이기는 했지만 왜구는 여전히 나라의 근심거리였다. 이전의 개경과 마찬가지로 왕조의 새로운 도읍인 한양으로

▲ 화개산 정상에서 바라본 교동의 남쪽 해안(남산포 일대)

가는 수로에 교동이 위치하였고, 교동은 왜구의 위협에 노출되었기 때문이다. 이미 고려시절부터 교동을 중심으로 한 해방에 힘을 쏟았고,[04] 조선도 이러한 전 왕조의 기조를 계승하여 도읍의 안전을 위해 교동을 주목해야 하는 상황이었다.

조선시대에 접어들어서도 지긋지긋한 왜구의 노략질은 계속 된다. 태조 때에도 1395년 5월에 왜구가 교동을 침공했다는 기사가 실록에 연이어 두 번 나온다.[05] 이처럼 왜구의 괴롭힘이 계속되니 교동의 방어를 강화해야 하는 움직임이 나타날 수밖에 없었다. 조선을 세운 태조 이성계 자신도 고려말 전장에서 왜구의 침공을 여러 차례 격퇴하였고 그 전공으로 중앙정계에서 중요하게 부각된 인물이다. 그러니 다른 누구보다 왜구의 문제에 대해 심각하게 인식했을 것이고, 수도의 해양관문이면서 동시에 왜구의 상습적 침략에 시달리는 교동의 방어체제를 강화하는 것에 대한 충분한 이해가 있었을 것이다.

조선 개국 후 교동에 대한 조선왕조실록의 첫 기록 역시 교동의 관방체제에 관련된 것이다. 태조실록에 따르면 1393년(태조 2) 이승원(李承源)이라는 인물을 교동절제사(喬桐節制使)로 파견했다.[06] 이때 교동과 함께 강화에도 절제사를 두었다고 한다. 이 당시의 절제사는 고려말부터 파견되기 시작한 서반직(무관직)으로 왜구의 침공 등 특정한 사안이 발생할 경우 파견되었던 것으로 보인다. 아마 이때도 전 왕조부터 계속된 왜구의 침공에 대응하기 위했던 것이 아닐까 생각된다. 그러니까 절제사는 상설의 전임직이 아니라 임시로 파견하였던 직임인 것 같다.

이때 절제사로 파견된 이승원은 우리에게 잘 알려진 역사 인물은 아니다. 하지만 그는 이성계의 위화도 회군에도 동참한 인물로 이미 고려말에 남원, 함양 등지에서 왜구를 격파한 전공을 가지고 있었다. 어쨌든 교동이라는 곳에 절제사를 파견했다는 사실 자체에서 교동이라는 곳이 국방에서 중시되었던 섬이라는 것을 알 수 있다. 이어서 1395년에는 수군만호가 파견되어 교동현(喬桐縣)의 지현사(知縣事)를 겸하게 된다. 이처럼 고려말기부터 조선초기로 이어지는 시기, 비록 읍격으로는 현에 불과했지만, 계속되는 왜구의 침략 속에서 교동은 점차 서해 방어의 중심지로 부상하게 된다.

작은 섬이 짊어진 커다란 짐

그렇다면 조선왕조가 개창되고 교동을 비롯한 서해 수군 체제의 정비는 어떻게 이루어졌고 또 그 과정에서 교동의 읍격은 어떻게 변했을까?

고려조에는 명종 때 감무를 설치하였다는 기록이 전해진다.[07] 감무는 상설적인 수령이 아닌 특별한 사정이 있는 경우에 파견되는 임시 지방관에 해당한다. 교동에 정식의 지방 수령이 처음 보이는 것은 조선시대에 들어와서이다. 교동은 나라의 문호로서 군사적 기능이 중시되는 공간이었으므로 교동에 파견되는 무관들이 수령을 겸하는 것이 일반적인 모습이 된다. 군정의 담당자가 행정까지 총괄하도록

한 것이다.

앞서 이야기한대로 교동에는 1395년 수군만호가 지현사를 겸하여 파견되었고, 1409년에는 경기우도의 도만호(都萬戶)가 교동 현령을 겸하게 되었다. 도만호가 교동 현령을 겸할 때 강화에는 경기좌우도 수군절제사가 파견되어 강화부사를 겸하게 된다. 도만호는 지휘계 통상 수군절제사의 아래에 위치했지만 지휘하는 함대의 규모나 임 무는 거의 동등한 것으로 이해된다.[08] 그러므로 당시 강화와 교동의 함대는 상하관계에 있기도 했지만 실제로는 절제사와 도만호가 각 기 지휘하는 별개의 함대였던 것이다.[09] 교동의 수군 함대는 모두 34 척의 병선을 거느렸고 그 소속 군액(軍額)은 2,483명에 이르렀으며,[10] 단순히 교동이나 강화의 수동적 방어에만 그친 것이 아니라 상당히 넓은 범위를 작전구역으로 활동하는 적극적인 공격형, 타격형 함대 였던 것으로 보인다.[11]

교동에 경기우도의 도만호가 파견되었다는 것은 교동이 경기해안 지역 방어의 중심지로 본격적으로 부각하였다는 것을 의미한다. 이 후 교동에는 경기우도 수군부만호(水軍副萬戶)가 배치되어[12] 이전의 도만호보다 군관의 격이 다소 떨어지기도 하였다. 그러나 교동에는 이후 경기우도수군첨절제사영이 들어서며 경기해안 방어의 중심지 로 입지를 확고하게 굳힌다. 교동에 우첨사영이 설치된 것이 언제인 지는 확실한 기록이 보이지 않지만, 이미 1414년(태종 14) 이전에는 설 치된 것으로 보기도 한다.[13]

이후 왜구의 침공이 점차 줄어들고, 세조 때 진관체제의 정비가 이루어지면서 좌첨사영이 있던 남양부의 화량진에 경기수영이 설치된다, 그리고 교동에도 좌우가 통합된 수군첨절제사영이 설치된다. 그리고 이 체제가 정묘호란 이후까지 이어지게 되는 것이다.

교동은 오늘날 우리나라의 섬 중에서 면적으로는 20위권 안에 든다고 한다. 우리나라 섬의 총 수는 자료마다 달라 모호한 부분이 있기는 하지만, 대체로 3천 개에서 3천600개 정도 사이가 된다. 그러니 우리나라 안에서는 꽤 큰 축에 들어가는 섬이다. 그러나 조선시대 교동은 '탄환만한 작은 섬'이라고 불렸다. 아마 자연적으로 지금과는 지형이 달라서 그랬던 듯하다. 어쨌든 실제 면적을 떠나 '탄환만한 작은 섬'으로 인식되던 교동은 그 덩치에 걸맞지 않게 서해의 수군 체제에서 중요한 위치에 있게 된다.

제방의 축조와 지속적인 간척사업을 통하여 교동은 상당한 수준의 쌀 생산량을 자랑한다. 동의하지 않을 수도 있겠지만, 간척을 통해 만들어진 교동의 너른 들판이야 말로 교동의 최고 볼거리이자 자랑거리이다. 교동의 드넓은 경작지에서 연간 생산되는 쌀이 교동면민이 58년, 강화군민이 4년간 먹을 수 있는 양이라고 하니, 생산량이 상당한 수준임을 알 수 있다.[14]

하지만 과거의 교동은 그렇게 풍족한 곳이 아니었다. 농사를 지을 땅도 지금보다 적었고, 농토에 물을 댈 수 있는 관개(灌漑)시설도 발달하지 못하였다. 농사 짓기 힘들었다는 것이 그렇게 오래 전의 상황도 아니다. 지금이야 고구저수지나 난정저수지 등 꽤 큰 규모의 두 저수지가 있어 농사짓기가 수월해졌지만(물론 최근의 계속된 가뭄으로 교동 역시 힘들기는 했다) 1970년대까지만 해도 그렇지 않았다. 물이 부족하니 쌀농사를 지을 때 이른바 건답직파(乾畓直播 : 마른 논에 직접 씨를 뿌려 농사짓는 방식)를 하거나, '물꽝'이라는 소규모 저수시설을 군데군데 만들어 놓고 빗물을 모아 모를 냈다고 한다.[15]

  60~70년대 상황이 이럴진대 조선시대의 생활상은 말할 필요도 없었을 것이다. 특히 가뭄이라도 닥치면 심각한 기근(饑饉)을 겪을 수밖에 없는 상황이었다. 그래서인지 몰라도 1415년 7월 『태종실록』에 교동의 주민들이 충청도에서 황각(黃角 : 해초의 일종)을 캐어 흉년에 대비하기를 청했다는 기사가 나온다.[16] 이러한 교동 주민들의 대비는, 경기도에 큰 가뭄이 났었는데 그 중에서도 교동 등 9개 읍이 더욱 큰 피해를 입어 역을 면제하는 곳으로 조정에서 거론되는 바로 다음 달의 실록 기사와 연관이 있는 것으로 보인다.[17] 뒷날의 기록이기는 하지만 인조 때 참찬관 이경용이 교동의 수군을 점검하고 온 뒤 왕에게 "교동은 돌밭으로 척박해서 곡식 농사가 잘 되지 않아 매년 흉년이 들어 백성들이 굶주리고 있다"라고 하였던 것도 농경에 어려운 교동의 환경을 보여준다.[18] 또 1631년 명나라 장수 유흥치가 반역하여 가도(假島)에 들어와 이를 조선군이 토벌할 때, 교동은 가뭄이 심했음에도 다른 고을보다 두 배의 군사를 차출당하는 어려움을 겪기도 하였다.[19]

  아무튼 이런 상황에서 교동이 서해안 방어의 중요기지로서 역할을 부여받게 된 것은, 교동의 역사에서 중요한 전환점이었지만 섬이 짊어진 큰 짐이기도 하였을 것이다.

교동에 온 전라도 사람들

교동이 국방에서 중요한 곳이라면 교동에 배치하는 병력도 나름 실력을 공인 받은 정예병력이어야 했다. 교동은 섬이고 바다에서 오는 적을 막아야 하니 배를 모는 기술이 좋고, 물에서의 싸움에 능한 사람들이 필요했다. 요즈음도 교동 주변의 바다를 보면 느낄 수 있지만 결코 항행이 쉬운 곳은 아니다. 교동도와 강화도, 석모도 사이의 좁은 물길은 꽤 물살이 빠르다. 몇 년 전 교동대교를 건설할 때도 이 빠른 물살 때문에 교각이 유실되어 공사에 어려움을 겪기도 하였다. 또한 조수 간만의 차가 크고 주변에 갯벌이 널리 발달하여 자칫 잘못하면 배가 갯벌에 갇혀버릴 수도 있었다. 그렇기 때문에 실력 있는 수군이 필요했다.

이러한 연유로 교동에 오게 된 사람들이 있다. 바로 전라도 출신의 수군이 그들이다. 『세종실록지리지』에 보면 전라도 수군들은 주로 나주와 목포 사람들이었다. 그들이 교동에 온 것보다 훨씬 뒤의 이야기이기는 하지만 전라도 수군은 임진왜란 때 남해안에서 큰 활약을 펼친다. 이순신 장군이 남해안에서 전공을 세울 때 전라도의 수군들이 중요한 역할을 했던 것을 우리는 잘 알고 있다. 전라도 수군들이 활동했던 전라도 해안 지역은 크고 작은 섬들이 깨알 같이 분포해 있고 해류도 매우 빠르고 거칠다. 명량대첩이 펼쳐졌던 진도와 해남 사이의 울돌목에 실제로 가서 그 물살의 흐름을 보고 있노라면 공포감이 들 정도이다. 또 남해안은 조수 간만의 차도 크고 갯벌이 발달해 있다. 이러한 환경적 어려움을 극복하고 바다를 누비고 적을 격파하였던 전라도 수군의 실력은 대단하다고 할 수 있다. 신라 후기에 장보고가 완도에 청해진을 세워 해적을 소탕하기도 하였으니 전라도 수군의 해전 실력은 상당히 오랜 시간의 경험 속에서 만들어진 것이라 하겠다.

전라도 수군이 교동에 오게 된 것은 경신년(庚申年)이라고 하는데 실록에 관련 기사가 처음 실린 연도(1402년)에서부터 상고해보면 가장 가까운 경신년은 1380년이다. 1380년이면 조선왕조가 건국되기 전이니 이미 고려 때부터 전라도 수군들의 능력이 널리 인정받았음을 알 수 있는 대목이다. 고려조정은 왜구의 침공으로 교동과 강화가 왜구에게 일시적으로 점령당하는 상황까지 발생하자 그들을 교동·강화에 배치하게 된다.[20]

그렇다면 이들이 교동에서 보여준 실제 실력은 어땠을까? 세종 때 지중추원사 윤득홍(尹得洪)은 왕에게 올리는 상언에서 교동의 강화의 수군은 "본도(경기도: 필자 주)나 다른 도를 가리지 않고 적이 나타나면 파견하였"고, "육군 10인이 이들 한 사람을 당하지 못하였다"라고 하였다. 그들이 경기도 뿐 아니라 다른 도까지 작전구역으로 삼았고, 육군보다 훨씬 강력하며 효과적인 전과를 거두었음을 알 수 있다.

전라도 출신의 교동 수군들은 정예군사로서 중요 임무를 맡은 만큼 일반 병종과는 달리 정기적 교대가 없는 장번군(長番軍)이었다. 그들에게는 처음에 구분전(口分田)이라 하여 전지 1결 50부가 주어졌다가 후에는 그 3분의 1 수준이 대전(代田) 50부로 줄어들게 된다. 장번

군사의 토지를 줄인 것은 왜구의 침공이 점차 감소함에 따른 조치였던 것 같다.[21]

그런데 시간이 지나면서 어떤 이유에서인지 이들 중 상당수는 근무지에서 도망가 흩어져 살았던 것으로 보인다.

> 의정부에 명하여 교동과 강화의 수군 중 여러 고을에 흩어져 있는 자를 모두 조사해서 모아들여 과거의 역(役)에 다시 배정하게 하였다. 경기좌우도수군절제사(京畿左右道水軍節制使) 김영렬(金英烈)이 아뢰었다.
>
> "지난 경신년에 전라도의 수군으로 정예(精銳)한 자를 파악해 모아서 교동·강화에 살게 하고, 땅을 주고 이름을 군적(軍籍)에 올려서 바다로부터의 침입에 대비하게 한 것이 오래되었습니다. 그런데 지금은 도망가서 여러 고을에 사는 자가 1백 61명입니다."[22]

이 논의가 있었던 1402년이면 전라도의 수군들이 교동에 들어온지 20년이 넘은 때이니 점차 관리가 소홀해진 것 같다. 더군다나 수군역은 조선시대 대표적인 고역(苦役)이었다. 수군은 조례(皂隷), 나장(羅將), 조군(漕軍), 봉군(烽軍), 역졸(驛卒)과 함께 칠반천역(七般賤役)이라고 하여 일곱 개의 대표적인 천역, 고역에 속했다. 이 외에도 소금을 만드는 염간(鹽干), 나루터에서 일하는 진척(津尺) 등도 고역으로 유명했다. 이러한 고역을 수행하는 자는 신량역천(身良役賤)이라 하여, 원

칙적으로 신분상 양인이었지만 사회적으로 기피, 천시되는 역을 맡았기 때문에 양인보다 낮게 취급되었다. 지금도 해상의 선박 생활이라는 것이 쉽지 않은데, 항해 기술도 발달하지 못하고 선박의 편의기능도 떨어졌던 당시 수군의 역은 대부분의 사람이 기피하는 것이 당연하였다.

조선시대에는 죄지은 자를 처벌할 때 관직이 있는 경우 직첩(職帖)을 거두고 장(杖)을 때린 후 수군에 배치시킨 사례를 어렵지 않게 발견할 수 있다. 죄를 저지른 대가로 강제하는 역이니 당시 수군에 대한 일반적 인식을 알 수 있는 것이다. 그러니 수군역을 수행하는 자들이 도망치는 일이 다반사였던 것도 이상한 모습은 아니었다.

오늘날 교동의 주민들 중에 전라도에서 온 수군의 후손들이 어느 정도인지는 알 수는 없다. 하지만 후손들이 있고 없고를 떠나, 멀리(당시로서는 정말 어마어마하게 먼 곳이었을 것이다) 전라도에서 교동까지 와서 교동을 비롯한 서해안의 방어를 위해 고된 수군의 임무를 수행해야 했던 그들을 기리는 자그마한 표석이라도 바닷가에 하나 두면 어떨까? 교동의 바다를 바라보다가 문득 든 생각이다.

2. 응암량, 월곶진 그리고 상여바위

응암량의 경기우도수군첨절제사영

『세종실록지리지』에 따르면 교동의 응암량이라는 곳에 경기우도수군첨절제사영이라는 다소 긴 이름의 수군 기지가 있었다. 경기도를 좌도와 우도의 둘로 나누고 우도 지역의 수군을 관할하는 본부, 즉 경기우수영을 교동에 두었던 것이다. 좌도의 수영은 남양부의 화지량이라는 곳에 있었다.

응암량은 지금은 해양지리학에서 교동수로라고 부르는 곳이다.[23] 교동 동진포에 가면 매의 모습을 닮은 응암이라는 이름이 붙은 바위를 볼 수 있다. 응암량이라는 명칭도 거기에서 유래한 것이다. 원래는 교동도와 송가도 사이의 바다였지만 자연퇴적과 간척으로 송가도가 석모도의 일부분이 되면서 지금은 교동도와 석모도 사이의 바다가 되었다. 응암량이라 할 때 '량(梁)'은 건물의 들보나 다리[橋梁]를 의미하는 한자이다. 건물의 상량식(上梁式)이 바로 대들보를 올리는 의식이다. 그런데 '량(梁)'은 좁은 물길(해협)을 의미하기도 하며 그곳에 접한 육지의 지명에 사용하기도 한다. 우리 역사에서 그러한 지명들을 볼 수 있는데 명량이나 노량, 견내량, 칠천량 등 주로 임진왜란 당시 해전으로 알려진 곳들이 그것이다. 또 이러한 '량'자가 들어가는 곳들은 물살이 센 곳이 많다.

명량이나 노량보다는 폭이 넓지만, 응암량도 그 이름처럼 비교적 물길이 좁다. 교동의 동진포에서 응암을 거쳐 석모도에 이르는 직선 거리는 2km 정도이다. 또한 강화나 교동주변의 다른 바다처럼 이곳 응암량도 조류의 유속이 매우 빨라 인천연안에서 조류가 센 곳으로 꼽히기도 한다. 근대 이전에는 배를 정박하거나 운항하기가 더욱 쉽지 않았을 환경이다. 그런데 이런 곳에 수군진을 설치하고 배를 몰며 바다를 지키게 했으니 그때 수군들의 노고는 정말 이루 말로 표현할 수 없었을 것이다.

이곳은 물살이 험하기도 하지만 한강하구의 중요한 수로였다. 수도 한성이나 강화 또는 서해 경기 남부해안으로 진입할 수 있는 수로였기에 이곳에 우수영을 설치하고 경계를 강화하였던 것이다. 또한 응암량은 조운선의 통로이기도 하였다. "전라도 조운선 50척이 교동의 응암에서 바람을 만나 그 중 6척이 표류하다 침몰하였다"는 『세종실록』의 기사를 보면 이곳이 조운선의 통로였음을 알 수 있다.

교동에 경기우수영이 설치된 것은 언제일까. 아쉽게도 이에 대해서는 정확한 기록이 없다. 『세종실록지리지』에 교동의 응암량에 첨사진이 있다는 것이 최초의 기록일 뿐이다. 경기우도수군첨절제사라는 관직이 처음 나오는 것은 1394년(태조 3)이다. 그해 6월 1일 김영렬이라는 인물을 우도수군첨사로 임명했다. 한편 경기를 좌우도로 구분하고 교동을 경기우도에 속하게 한 것은 같은 달이지만 날짜가 조금 늦다. 아마 공식적으로 경기도를 좌우도로 나누기 전에 이미 수군편제는 좌우로 구분되어 있었던 것 같다.

이후 1414년의 다음과 같은 기록에 주목하는 연구도 있다.[24]

> 경기우도수군첨절제사 송득사(宋得師)의 고신(告身)을 거두고 수군(水軍)에 배속하였다. 경기관찰사가 보고하기를, "경기와 풍해도(豊海道) 수군 중 행랑(行廊)의 공사에 나오던 자 29인이 탄 배가 강풍을 만나서 침몰하여 10명이 죽었습니다." 하였다. 순금사(巡禁司) 호군(護軍) 김중곤(金中坤)을 교동에 보내어 담당 관리가 바람과 물을 살피지 않아 사람이 죽게 한 죄상을 국문(鞠問)하였는데, 송득사가 작은 배에 수군을 실어 보내다가 배가 뒤집혀 침몰하였기 때문이었다.[25]

이 기록을 통해 보면 교동의 관리를 국문한 것으로 볼 때 배는 교동에서 출발한 것이고, 배를 출발하게 한 사람이 우도수군첨사 송득사였다. 그러므로 송득사는 교동에 있었을 가능성이 높고 1414년 당시에는 교동에 우도수군첨사영이 이미 있었다는 것이다. 충분히 참고할 만한 고찰이다.

경기우수영의 위치는 지금의 교동읍성 자리였다고 보는 것이 맞다. 수군이 바다로 나가는 통로는 아마도 동진포였을 것으로 생각된다. 당시 교동현의 읍치는 지금의 고구리 고읍성에 있었으므로 당시 일반인들은 주로 섬 북쪽의 나루를 이용했을 것이다. 그러나 우수영의 군선들은 지리적으로 가까운 동진포로 드나들었다고 생각된다. 그런데『세종실록지리지』에서는 우도 수군첨사영이 있는 응암량이 교동현의 서쪽이라고 했다. 당시의 읍치 위치가 섬의 북쪽이고 조선 후기와는 지형의 모습도 차이가 있었겠지만 서쪽이라고 보기에는 좀 어려운 부분이 있다.

『세종실록지리지』에 따르면 교동의 경기우수영에는 쾌선(快船) 9척과 맹선(孟船) 3척과 왜별선(倭別船) 1척이 있었다고 한다. 그리고 소속 군사는 장번의 수군이 2백 95명, 좌·우령의 선군(船軍)이 1천 18명 이었다. 한편 우수영에는 강화의 정포만호(井浦萬戶)가 속해 있었다. 정포만호진은 쾌선 11척, 무군선 10척을 거느렸고, 장번의 수군이 2백 46명이며, 좌·우령의 선군이 9백 24명이었다. 일반 병역자와는 달리 장번군은 교대하지 않는 정예군이다. 같은 시기 경기좌수영의 소속의 장번군이 69명에 불과했던 것을 보면 교동의 우수영 소속 수군이 서해 방어에서 차지하는 위상을 알 수 있다.

교동의 월곶진, 강화의 월곶진

강화도를 둘러싼 54개의 돈대 중 월곶돈대[26]라는 곳이 있다. 돈대 안에 있는 정자인 연미정(燕尾亭)으로 더 유명한 곳이기도 하다. 강화의 돈대 중 가장 풍광이 좋고, 날씨가 좋으면 바다 건너 북한 개풍 땅도 잘 보인다. 강화에 여행 오는 분들에게 꼭 추천하는 장소이다. 강화에서는 월곶이라고 하면 바로 이 월곶돈대가 있는 강화읍 '월곳리'를 떠올린다. 과거 강화를 방어하던 12진보 중 하나인 월곶진이 있던 데에서 유래한 지명이다. 어떤 이유에서인지는 잘 모르겠지만 공식 행정구역상으로는 받침을 바꿔 '월곳리'라고 쓴다. 그런데 월곶진(月串鎭)은 원래 교동에도 있었다.

태종 이후 교동에는 경기우도수군첨절제사영(경기우수영)이 있있고 강화에는 우수영에 딸린 정포만호진이 있었다. 그리고 경기좌도의 수영은 남양부 화지량에 있었다. 남양은 우리에게는 낯선 지명이다. 오늘날 경기도 화성시에서 바다에 접한 서쪽에 속하는 곳이다.

경기 해안을 좌우로 나누어 방어하던 체제는 점차 변화하게 된다. 한반도를 괴롭히던 왜구의 침입이 감소하면서부터이다. 물론 16세기까지도 을묘왜변(乙卯倭變)이나 삼포왜란(三浦倭亂) 등 왜인들의 소요가 일부 있기는 했지만 고려말기처럼 심각한 국난 수준의 계속된 왜구의 침략은 사라지게 된다. 이에 경기 서해안 방어체제도 개편을 하게 된다.[27]

『경국대전』 병전에 따르면 경기도에는 관찰사 겸임의 수군절도사(수사) 외에 전임의 정3품 수사가 한 명 더 있었다. 그리고 종3품의 수군첨절제사(수군첨사)는 월곶진에 배치되었다. 처음에 (남양부) 화량에 설치한 수영을 1629년 교동 월곶진 터로 옮기고 월곶진은 강화로 이설하였다는 『여지도서』의 내용을 통해 추정해 보면 『경국대전』상의 경기수영은 남양에, 수군첨사영은 교동 월곶진에 설치했음

▲ 강화 월곶돈대 안의 연미정
　정묘호란 당시 후금과 강화조약을 체결한 곳이다.

을 알 수 있다. 즉 좌우로 나뉘어 있던 경기수군 체제를 남양의 경기
수영과 그 아래 월곶진의 첨사영, 그리고 만호진으로 일원화했던 것
이다. 『경국대전』이 최종 반포된 것이 1485년이니 늦어도 15세기 중
반에는 월곶진에 수군첨사가 있지 않았을까 추측해 볼 수 있다.[28]
　한편 『여지도서』와 『교동군읍지』(1899)에는 조선후기 월곶진으로
경기수영을 옮기면서 교동읍성을 쌓았다고 전한다. 교동읍성의 위

치를 고려해 보면 월곶진은 우도수군첨사영이 있던 응암량을 말한다고 할 수 있다. 원래 수군기지가 있던 곳이니 그곳에 계속해서 월곶첨사가 배치되는 것이 자연스럽다. 그러나 어떠한 연유에서 응암량이라 부르던 곳을 월곶이라 했는지는 알 수 없다.[29]

『경국대전』에는 월곶진관 소속으로 영종포, 초지량, 제물량, 정포, 교동의 수군만호가 속하는 것으로 되어 있다. 이 규정에 따르면 교동에는 수군첨사와 함께 교동 수군만호가 있었다. 이 만호가 교동현감을 겸하여 교동현의 행정·민정을 관할하였다. 오늘날 교동의 고구리에 고목근현이라 하여 남아 있는 고읍성의 일부가 그 당시 교동현 읍치의 흔적이다.

앞서 강화의 월곶 이야기를 꺼낸 것은 단순히 이름이 같아서가 아니라 교동의 월곶진과의 실제 관련성 때문이다. 『여지도서』의 기록에는 1629년 교동 월곶진 터로 수영을 옮기면서, 월곶진은 강화부로 이전했다고 되어 있다. 김정호의 『대동지지』나 『교동군읍지』(1899)에도 모두 같은 기록을 따르고 있다. 그러면 문제는 간단한 것 같다. 그런데 『인조실록』에는 1629년 경기수영을 교동의 월곶진으로 옮기게 되면서 교동의 월곶진은 폐지하고 남양의 화량진을 다시 두었다고 한다.[30] 그렇다면 월곶진은 사라져버린 것 아닌가? 강화의 월곶진은 교동과는 관계가 없는 것인가? 또 이형상의 『강도지』에는 월곶진이 남양에 있다가 강화부로 옮겨 1656년 수군첨사진으로 설치되었다고 하였다. 월곶진이 남양에 있었다는 것은 또 무슨 소리인가? 보는 사람을 헷갈리게 한다.

문제는 1629년에 바로 강화도로 월곶진을 옮긴 것인가, 그리고 남양에도 월곶진이 있었던 것인가이다. 조선시대 읍지나 지리지의 기록을 통해 볼 때 교동의 월곶진과 강화의 월곶진의 관련성을 부정하기는 어려울 듯하다. 다만 1629년에 교동 월곶진을 폐지했고, 1656년에 강화의 월곶진이 수군첨사진으로 설치되었다는 두 개의 기록이 있는 만큼 진의 이설 시기는 더 상세한 고찰이 필요할 듯하다. 한편 남양에 월곶진이 있었다는 기록은 『강도지』 이외에는 찾을 수가 없다.[31] 혹시 이형상이 집필 중 화량진과 월곶진의 관계를 혼동하였을 수도 있지 않을까? 하지만 역시 자료에 대한 상세한 분석이 필요할 것이다.

응암의 풍경과 동진포

> 1년 중에 달빛이 가장 밝은 오늘 밤에
> 구름 속 푸드득 나는 기러기의 그림자 외롭구나
> 계수나무 노와 난초 삿대로 사미인곡을 짓는데
> 강 건너 기대어 노래하는 이는 퉁소를 부는구나[32]

옛 사람 누군가가 옛 읍지에 교동팔경(喬桐八景) 중 하나로 소개된 응암에서 달 구경을 하며 지은 시이다. 응암 바닷가에서 달빛을 감상하는 풍경[鷹巖賞月]이 일품이었던 모양이다. 세월이 흐르면서 사람들의 시각도 달라졌는지 신교동팔경(新喬桐八景)이라는 것이 새롭게 등장(?)하여[33] 새로운 경치들에게 경쟁에서 좀 밀렸던 것 같기는 하지만 밝은 달빛 비친 응암 위에 기러기가 날고 누군가의 퉁소 연주까지 합해지면 나름 낭만적이기는 하였을 것 같다. 거기에 좋은 술이 한 잔 더해진다면 오죽했으랴.

응암, 이름 그대로 하자면 매바위인데 매처럼 생겼으니 그러한 이름이 붙었을 것이다. 『교동군읍지』(1899) 도서(島嶼)조에서는 응암의 모습을 다음과 같이 소개하고 있다.[34]

> 바다 가운데에 기이한 바위가 있는데 깎아 세운 모양새다……바닷물이 차면 작을 소(小)자 모양이 되고, 물이 빠지면 뫼 산(山)자 모양이 되니 응암이라 이른다. 작은 산 전체의 모양이 마치 부월(斧鉞)과 창칼[劍戟]이 숲처럼 늘어선 듯하다.

그런데 실제로 와서 보니, 관찰력이나 상상력이 부족한 탓인지 옛 읍지의 설명이 마음에 잘 들어오지 않는다. 진짜 기이한 모양이긴 한 건가? 작을 소 자와 뫼 산 자 설명도 언뜻 이해가 가진 않는다. 혹시 세월이 흐르면서 자연이든 인공이든 외부의 힘이 가해져 모양에 변화가 있었던 것일까? 하지만 그건 현재의 개인적 느낌일 수도 있다.

응암은 지금 상여바위라는 이름으로도 불린다. 장례에 쓰는 상여

동진포에서 바라본 응암(매바위) 뒤로 보이는 섬은 석모도이다.

(喪輿)를 닮기도 해서 그렇게 부른다고 한다. 응암의 모습을 가장 잘볼 수 있는 곳은 동진포이다. 동진포 바닷가에 가면 교동도와 석모도 사이 바닷길목에 버티고 있는 응암의 모습을 한 눈에 볼 수 있다.

조선후기 고지도를 보았을 때 동진포는 교동읍성의 동문과 연결되었는데, 이름 그대로 읍의 동쪽에 위치하였으니 동진(東津) 즉 동쪽 나루라 했을 것이다. 하지만 오늘날 교동도의 전체적인 방위에서는 동쪽이라기보다는 남쪽에 위치한다고 보는 것이 맞다. 그런데 『신증동국여지승람』 등 읍치가 현재의 고구리(고읍성)에 있었을 당시의 기록을 보면 비석진(鼻石津)이라는 곳을 동쪽의 주된 포구로 활용했다. 비석진은 인화석진이라고도 했는데 같은 이름을 가진 강화의 인화석진과 통하였다. 이는 서로 통하는 나루의 이름을 똑같이 붙이는 전통에서 연유한 듯하다.

동진포에 있는 안내판에는 동진포는 "교동에 영(營)이 설치되어 읍성이 축조된 이후 사용되었던 포구"로 "사신들의 임시숙소인 동진원이라는 객사가 있었"고, 교동팔경 중 하나인 '동진송객(東津送客)' 그러니까 "교동에 왔던 손님을 동진에서 보내는 풍경이 볼 만했다"고 적혀 있다.

현재 위치의 동진포가 교동에 경기수영이 설치된 이후 활발히 사용되었던 것은 맞다. 그런데 조선후기 지리지에 동진이나 동진원의 위치에 대한 기록을 보면 좀 이상한 부분이 있다. 유형원의 『동국여지지』에는 동진원이 현의 동쪽 11리 되는 곳에 있다고 기록되어 있다.[35] 그러나 현재의 동진포는 교동읍성에서 약 500m(1리가 조금 넘는

거리)밖에 떨어져 있지 않다. 거리상 맞지가 않는다. 김정호의 『대동지지』(1863년경)에도 동진은 동북 10리에 있다고 나와 있다. 10리는 읍치로부터의 거리일 것이다. 그렇다면 역시 지금의 동진포의 위치와는 맞지 않는다. 그렇다면 유형원이나 김정호가 언급한 동진은 혹시 비석진(인화석진)을 가리키는 건 아닐까. 특히 『동국여지지』는 이미 교동이 현에서 도호부로 승격되어 읍치를 읍내리로 옮긴 이후인 1656년에 편찬되었는데 부가 아닌 현이라고 쓴 것을 보면 조선전기 고구리에 읍치가 있던 시절의 기록을 그대로 따다 쓴 것 같다.[36] 읍치가 고구리에 있었을 때는 비석진이 동진이었을 가능성도 생각해 볼 수 있다. 또 오늘날 봉소리 호두산 아래에 위치한 포구인 호두포는 비석진이나 동진과 어떤 관계가 있는지도 궁금해진다. 기록에 대한 세밀한 고찰이 필요한 부분이다.

응암의 한적한 풍경 감상에 방해꾼이 하나 있다. 바로 응암 위에 떡 버티고 서 있는 송전탑이 그것이다. 옛 사람들이 말한 교동팔경을 생각하고 찾아왔는데 현대문명의 상징물이, 그것도 상당한 높이의 차가운 철제 구조물이 서 있으니 여간 거슬리는 것이 아니다. 달 밝은 밤에 와서 풍경을 봐도 송전탑에 달이 걸려버린 느낌을 줄 것만 같다. 물론 전기를 안정적으로 공급하는 것이 중요하다는 것을 모르는 바는 아니다. 전기의 편리함은 누릴 대로 누리고 살면서 양심도 없다고 욕먹을 일일지도 모르겠다. 하지만 자꾸 아쉬운 마음이 생기는 것은 어쩔 수가 없다.

지금 비록 차가운 송전탑이 박혀 있기는 하지만, 응암은 응암량의 거센 탁류를 묵묵히 견뎌내며 교동이 겪은 역사의 여러 순간에 대한 목격자 노릇을 했다. 벌떼처럼 교동 앞바다를 뒤덮은 왜구의 배들, 고려와 조선 전함의 훈련과 출격, 고된 바다 생활로 고단했던 수군 병사들, 누각에 서서 바다를 바라보며 나라 걱정에 잠겼을 장수들 그리고 거친 바다에서 힘겹게 하루하루를 살아갔던 이름 모를 교동의 보통 사람들까지⋯⋯응암을 바라보고 있노라니 교동 역사의 여러 장면들이 떠오르며 뭔가 말로 표현할 수 없는 감정에 빠져들게 된다. 앞으로 응암이 바라보게 될 교동의 역사는 먼 훗날 어떻게 쓰여질까 궁금해진다.

3. 삼도의 수군을 거느린 섬

교동, 삼도의 수군을 이끌다

교동의 역사를 말할 때 빼놓을 수 없는 것이 삼도수군통어영이다. 경기, 황해, 충청 등 삼도 수군을 총괄하는 본부가 바로 교동에 있었던 것이다. 교동이라는 섬이 가진 가장 중요한 역사의 모습이다. 그렇다면 조선왕조는 왜 교동에 삼도수군통어영을 두었을까? 교동의 삼도수군통어영을 말하려면 강화도에 대한 이야기를 먼저 해야 한다.

16세기 이후 왜란과 호란을 겪으면서 조선의 서해안 방어체제는 다시금 정비의 시기를 맞는다. 조선전기가 왜구에 대한 대비가 중심이었다면 조선중기 이후는 북방 여진족의 위협이 대두되면서 정책도 변화했다.[37] 북방에서의 여진족의 발호는 조선왕조에 중대한 위협으로 다가왔으며 서해의 국방전략, 특히 강화도에 대한 관심이 높아지게 되는 것이다. 비극적인 두 차례의 호란을 거치면서 강화는 본격적으로 국가의 비상 시 항전지, 즉 보장지처(保藏之處)로 부각되고 이에 따라 교동을 포함한 서해안 방어체제도 재편의 방향을 걷게 된다.

서해 방어체제의 변화가 본격적으로 이루어진 것은 인조 때이다. 1624년 이괄의 난으로 한성이 반란군에게 함락되자 인조는 공주로 피난을 떠난다. 그리고 1627년 정묘호란 때도 인조는 강화도로 들어가 후금 군사와 맞서다 그곳에서 강화(講和)를 맺게 된다. 나라를 바로 세우겠다고 반정을 일으켰는데 즉위한 지 3년 만에 내우외환에 얽혀 두 차례나 도읍을 비우고 도망친 임금이 되어버린 인조였다. 왕위의 정통성에 대한 콤플렉스가 있는 상황에서 인조가 느끼는 위기감은 매우 클 수밖에 없었다. 나라를 지키고 위기를 극복할 수 있는 새로운 방책이 필요했다. 인조가 주목한 곳은 강화도였다. 도읍과 가까운 곳에 위치한 섬인 강화도는 왕실과 조정이 피난하여 국가를 지키기 위한 최후의 보루로서 역할을 부여받게 된다. 여기에는 과거 강화에서 39년간 몽골에 저항했던 역사적 경험도 상당한 영향을 주었을 것이다.

이처럼 강화가 부각되면서 강화의 외곽 방비를 맡을 교동의 중요성 역시 조선초기에 이어 다시 주목되기 시작하였던 것이다.[38] 교동은 이미 조선전기 수군첨사영이 있었고 정예의 수군 병사가 주둔했던 서해와 수도 방어의 요충이었다. 강화의 중요성에 대한 공감대가 확장되면서 강화와 인접해있는 교동 역시 이러한 기존의 전략·전술적 가치를 새롭게 활용할 필요성이 높아졌다. 이에 교동은 도성방비의 전초기지이자, 보장지처 강화도의 방어 역할을 맡게 된 것이다.[39]

이괄의 난이 진압된 직후인 1624년 3월에 남양부 화지량에 있던 경기수군절도사영(경기수영)을 강화로 옮기자는 논의가 있었다.[40] 그러나 이때 실제 수영을 옮기지는 않았다. 1627년 정묘호란이 일어난 그해 강화가 유수부로 승격되었고, 그 2년 뒤인 1629년 교동에 경기수

영이 설치되었다. 이와 동시에 교동의 읍격은 현에서 도호부로 승격
되었다.

교동현을 부(府)로 승격하고 변흡(邊潝)을 경기수사로
삼았다. 그리고 진(鎭:수영)을 교동으로 옮겨 부사의 일까
지 겸하게 하였다. 이는 비변사가 "화량(花梁)은 한쪽에
치우쳐 수영(水營)으로는 적합하지 않은데, 교동은 연안
(延安)과 강 하나를 사이에 두어 그곳에 수영을 설치하면
강화도와 기각(掎角)의 형세를 이룰 수 있다." 하여 옮기
자고 건의한 것으로, 김류의 의견이었다.[41]

기록에 따르면 교동에 수영을 이설하고, 현을 도호부로 승격시키
자고 한 것은 김류였다. 김류는 인조반정의 일등공신이었다. 화량 즉
남양부의 수영은 강화도가 부각되던 당시의 상황에서 위치가 적절
치 않았다는 데에 김류를 중심으로 조정 중신들의 의견이 모아졌고
이에 교동에 수영을 설치하게 되었던 것이다.

이어 교동에 경기수영이 이설되고 3년 후인 1632년 지중추부사 정
응성(鄭應聖)이 경기수사를 통어사로 겸임케 하자는 상소를 올렸고,
다음 해 경기, 황해, 충청 3도의 수군을 통괄하는 삼도수군통어영이
마침내 교동에 설치되었다. 정응성의 상소대로 통어영의 사령관인
통어사는 경기수사가 겸임하도록 했다.[42] 이렇게 되어 '경기수군절도
사 겸 삼도통어사 교동도호부사'라는 긴 겸임 직함이 탄생한다. 교동

이 삼도 수군의 중심에 서는 순간이었다.

이후 1636년 병자호란이라는 큰 비극을 겪은 뒤 강화에 대한 관심은 더욱 높아진다. 남한산성과 비교하여 적과 맞서기에 강화가 더 우수한 곳이라는 논의도 일어난다.[43] 이후 17세기 중엽에는 경기 서남부 해안에 방어를 위해 설치했던 진보(鎭堡)들이 강화도나 그 인근으로 이속되었다.[44] 그리고 숙종대에 이르면 강화에 진무영(鎭撫營)이 설치되기에 이른다.[45] 한편 강화의 남쪽 자연도에는 **안산(남양?)**에 있던 영종진(永宗鎭)이 옮겨가 방어영으로 승격되어 유사시 어가의 강화로의 남쪽 진입로를 확보하는 기능을 한다. 이처럼 교동의 통어영(수영), 강화 진무영, 영종 방어영이 상호 보완, 지원하면서 강화도의 방어를 체계화하게 되는 것이다.[46]

삼도수군통어영의 이상과 현실

오늘날 분단의 현실 속에서 우리가 교동의 바다를 긴장 속에 바라보듯, 그 옛날 삼도수군통어사도 교동을 바다를 바라보며 커다란 무게를 느꼈을 것이다. 한 곳도 아닌 삼도의 수군을 통솔한다는 것이, 그것도 수도방어와 직접적으로 연관된 공간을 지킨다는 것이 어디 말처럼 간단한 일이었겠는가? 그런데 그 옛날 통어사의 고뇌를 떠올리면서 자연스럽게 드는 생각이 있다. 서해 방어의 중책을 맡긴 교동의 통어영에 대해 조선왕조는 어떤 고민을 했고 통어영은 실제 부여된 역할을 제대로 해냈을까? 단순히 교동에 삼도의 수군을 총괄한 수군통어영이 있었고 이것은 교동의 자랑스러운 역사라고만 말한다면 역사를 의미 있게 바라보았다고 하기 어렵다. 그 시대 사람들의 고민과 한계, 시행착오와 과오에 대해 생각해 봐야 역사에서 소중한 가치나 의미를 찾을 수 있다.

1631년 경기수사로 부임하게 된 최진립은 임지로 가기 전 인조를 만나 교동에 대해 "사방에 배를 댈 곳이 없고, 군사도 너무 적다."라고 하였다.[47] 당시 교동은 심각한 가뭄과 명나라에서 반역을 일으킨 유흥치 세력 토벌에 따른 병력 차출로 힘겨워하는 상황이었다. 배를 댈 곳이 없다는 말은 아마 오랫동안 바다의 퇴적물을 처리하지 못해 포구로 쓸 만한 곳이 없다는 뜻일 것이다. 나름 서해 수군의 요해처였음에도 오랫동안 정비되지 못했던 교동의 현실을 보여주는 것이다. 1633년 이렇게 어려운 상황 속에서도 삼도수군통어영이 설치되었고, 이는 교동의 역사에서 중요한 한 면을 장식했음은 틀림없다.

통어사의 자리도 결코 한직은 아니었던 듯하다. 통어영의 설치 이후 인조~효종 시대 인조반정, 이괄의 난, 정묘호란, 병자호란 등에서 공훈을 세운 인물들이 통어사에 임명되었고, 삼도통어사를 지낸 후 중앙의 관직으로 진출하는 자도 많았다.[48] 국가에서 그만큼 통어사의 직임을 중요하게 생각했던 것이다.

그런데 18세기에 들어 강화도의 '보장지론' 대신 도성을 끝까지 사수한다는 '도성수비론'이 대두하였다. 그리고 그러한 과정에서 복잡하게 존재한 여러 군영의 통폐합을 통해 효율적인 방어체계를 수립

해야한다는 필요성도 제기되었다.[49] 강화에 진무영을 설치했지만 휘하의 수군이 없던 점도 문제점으로 인식되었다. 이런 상황에서 강화도의 수비체제에 대한 논의가 펼쳐지고, 그리고 이에 따라 삼도수군통어영의 이설(移設)이 실제 이루어지게 된다.

통어영의 이설 장소로 계속 거론되는 곳은 다름 아닌 강화도였다. 1763년(영조 39) 어영대장(御營大將) 김한구가 영종도 방어의 편의를 위해 영종도와 가까운 강화로 통어영을 옮기고 강화유수가 통어사를 겸하게 하자는 건의를 올린다. 이후 통어영의 강화도 이설에 대한 논의가 계속된다. 1778년(정조 2)에는 강화 번고어사(反庫御史) 심염조(沈念祖)가 강화도를 둘러보고 온 뒤 정조에게 통어사를 강화부로 이속하면 좋겠다는 계를 올린다. 그가 통어사의 이속을 주장한 근거는 교동은 작은 섬인데 깊은 바다 한 가운데 있어서 삼도를 통어하기 어렵고 전선(戰船)을 숨겨 둘 항만도 없다는 것이었다.[50] 이에 대해서는 조정 대신들의 다양한 의견이 개진된다. 적극적인 찬성론자도 있고 반대론자도 있었으며, 통어영만 강화로 옮기고 경기수영은 그대로 교동에 두자는 절충론자도 있었다.[51] 이러한 논의가 불거진 자체가 교동의 역할에 대한 회의감이 높아졌다는 것을 보여준다. 불필요한 군영을 통합하는 문제에 대해 관심이 높았던 정조는 결국 1779년 통어사를 강화로 이속하게 된다. 교동에 통어영이 설치된 지 46년만의 일이었다.

그러나 통어영은 강화로 이속된 지 10년 만에 다시 교동으로 이속된다. 1781년 경기관찰사 이형규가 경기수영의 교동 환속(還屬)을 건의했고 1789년에는 강화유수 송재경이 통어사를 교동에 옮기고 강화 진무사의 지휘를 받게 하자고 하였다. 막상 옮겨놓고 보니 기대했던 만큼의 효과를 보지 못했던 것이다. 교동에서 수군이 별도의 방어선을 만드는 것이 더 나았던 듯하다. 결국 1789년 5월 "뱃길의 요충이 교동"이고 "군교(軍校)들의 생활수단은 오직 통어영에서 받던 요포(料布)뿐이었으므로 통어영을 옮긴 뒤로는 이미 굶는 사람이 많아 관리와 백성이 뿔뿔이 흩어져 군대를 뽑을 길이 없다."라는 이유로 정조는 다시 통어영의 교동 이설을 명한다.[52]

이후 통어영은 교동과 강화 사이에서 이설을 반복하게 된다. 이어 1866년(고종2) 병인양요가 마무리된 후에 통어영은 강화로 이속되었고, 1874년에는 교동으로, 1882년에는 6월에는 강화로, 같은 해 8월에는 다시 교동으로 이속되었다. 1884년 판돈녕부사 민영목은 "교동은 외딴 섬으로 통어사는 이름뿐이고 실속이 없다."라고 하였다. 통어영이 이름만 거창할 뿐 제 기능을 못한다는 것이었다. 같은 해 통어영은 결국 역사 속으로 사라지게 된다.

17세기 통어영의 창설과 18세기와 19세기 계속된 이설 및 그에 관련된 논의는 조선왕조가 그만큼 서해 방어를 중요하게 생각하고 많은 고민을 하였다는 점을 보여준다. 하지만 시간이 갈수록 통어영이 효율적으로 기능을 하지 못 했음을 보여주기도 하는 것 같다.

그렇다면 통어영은 실제 전란 속에서 그 역할을 어떻게 수행했을까? 삼도통어영이 창설된 후 조선이 겪은 큰 전란으로는 병자호란, 병인양요, 신미양요를 꼽을 수 있다. 모두 교동과는 뗄래야 뗄 수 없

는 관계인 강화도가 직접 큰 피해를 입은 전란이기에 통어영의 방어
체제가 제대로 그 역할을 수행했는지 확인해 볼 수 있는 사례이다.
『교동군읍지』(1899)의 「고적」조에는 그 세 전란에서 교동의 통어영
이나 군사의 모습을 보여주는 기록이 있다. 먼저 병자호란 때는 어떠
했을까?

> 인조 병자년에 청의 군사들이 강화를 침범하였다. 교
> 동도호부의 수군이 나아가 국난을 구하려 하였으나 갑
> 진이 함락되고 남한산성에서 화약이 맺어지자 수군들은
> 무장을 풀고 돌아왔다.

수군이 제대로 싸워보기도 전에 강화가 함락되고 인조가 남한산
성에서 나와 항복해버렸다는 것이다. 그렇다면 그로부터 200년도
더 지나 일어난 1866년 프랑스의 강화도 침공 때는 어떠했는지 보자.

> 동치 병인년 9월에 서양의 병사들에게 강도가 함락
> 되었다. 유수 이인기가 어진을 받들고 교동읍에 도착하
> 자, 통어사 서상직과 중군 안극수가 군우를 갖추고 융복
> 을 하고 어진을 공경히 맞아 객사에 봉안하였다. 다음
> 날 어진을 모시고 육지를 경우하여 송도로 향하였다. 그
> 해 10월 통어사 정운익과 중군 이지수가 통진의 대진으
> 로부터 특별히 선택되어 부임하여, 해서의 수군 구원병

을 뽑아 교동에 머물렀다. 적세가 더욱 창궐하자 통어사
와 중군이 싸우기를 자원하는 별초 500명을 이끌고 송가
도에 이르렀을 때, (조선군이) 정족산성에 승리하여 서양
배가 도망갔기에 본영으로 돌아왔다. 이때 기해(畿海)에서
군량을 모아 나를 때 (교동)본영은 각처의 식량을 모았다.

 프랑스군의 침공으로 강화가 함락당하자 강화에 있던 임금의 진
영을 교동으로 옮겼던 모양이다. 하지만 강화를 돕기 위한 교동의 병
력이 송가도에 이르렀을 때 정족산성 패배 후 프랑스군이 물러가버
려 실제 전투가 일어나지는 않았다. 병인양요가 마무리된 후에는 통
어영이 강화로 이설되어 신미양요 당시 교동에는 도호부사를 겸하
는 방어사가 배치되었다. 1871년 미군의 강화도 침공 때 교동의 군사
들의 모습을 보자.

 신미년 4월에 서양의 군대에게 광성보가 함락당하였
다. 충장공은 전사하고 군세가 약해지자 (교동)방어사 신
태익이 이희도, 유동수 등으로 하여금 포병 100명을 이
끌고 강화부로 나가 싸우도록 하였다. 교동의 선비 한진
기가 종군을 자원하자 강화유수가 그 뜻을 가상히 여겨
한진기로 하여금 서문을 지키게 했다. 얼마 지나지 않아
서양 군대가 물러가자 (군사는) 무장을 풀고 (교동에) 돌
아왔다.

병자호란이나 병인양요와 달리 당시에는 교동의 군사가 강화로 출전하여 미군과 맞섰던 것 같다. 그러나 그것이 광성보까지 이미 함락된 후인 것으로 보아 실제 미군과의 접전이 있었는지는 불분명하다.

통어영이 설치된 후 처음 치른 큰 전쟁은 병자호란이었다. 그러나 교동의 통어영 휘하 수군의 전과(戰果)는 딱히 거론할 만한 것이 없다. 수군이 출동하기도 전에 전쟁 상황이 종료되었다고는 하지만, 당시 강화도가 무참히 함락되면서 수군폐지론이 거론되었을 정도이다.[53] 정조 때 영돈녕부사 정존겸(鄭存謙)이 병자호란 당시 강화도에서 "청 군사의 배가 강을 덮어 올라올 때, 그 사이에서 적을 막으려 나서는 전선이나 군졸이 하나도 없었다."라고 탄식한 것을 보면[54] 교동의 수군이 제 역할을 거의 하지 못 했음을 알 수 있다.

물론 생각하기에 따라서는 통어영이 생긴 지 3년밖에 지나지 않아 제대로 체제가 정착되지 않아 어쩔 수 없다고 할 수도 있을 것이다. 하지만 병자호란이 끝나고 200년도 더 지난 19세기 후반 프랑스의 침공 때에도 중요한 역할을 하지 못 했다. 통어영이 강화에 있고 교동에는 도호부사가 방어사를 겸하던 신미양요 때 교동의 군사들은 강화를 돕기 위해 출전하기는 했지만 이미 광성보까지 함락된 뒤였다. 강화에 있던 통어영 수군의 활약도 확인하기 어렵다. 이후 1874년 교동으로 통어영이 돌아온 뒤 1876년 운요호 사건으로 강화는 일본군의 침공을 받지만 역시 이렇다 할 통어영의 활약상은 전하지 않는다. 물론 수군이 출동했다 하여 근대적인 외국의 함선과 대등하게 맞서 승전했을 것이라 생각하기는 힘들다. 그럼에도 불구하고 중요한 군사 조직이 제대로 가동되지 못했던 것은 답답한 일이다. 삼도수군통어영이라는 이름은 거창했지만 그 실상은 문란해졌던 것일까?

삼도수군통어영의 역사를 돌이켜보면 아쉬움이 커진다. 실제 통어영은 그 중요한 역할과 조정의 관심에도 불구하고 기능을 다 하지 못 했다. 결국 통어영을 어떤 곳에 두는 것이 적합한가에 대한 계속된 논의는 이루어졌지만 정작 군사력의 내실을 기하는 데에는 실패했다고 보는 게 맞을 듯하다. 오늘날 엄중한 안보 현실에 놓인 우리에게 삼도수군통어영의 역사가 주는 교훈은 결코 가볍지 않다.

남산포에서 바다를 바라보며

모두가 알다시피 교동은 섬이다. 섬이 다른 곳과 통하기 위해서는 배가 출입할 수 있는 포구가 필요하다. 교동은 동쪽으로 국가 최후의 방어기지인 보장지처 강화도가 있고, 수로를 통해 직접 한강, 임진강, 예성강과 연결될 수 있다. 또 북쪽으로는 황해도와 바다를 통해 잦은 교류가 있었다. 한편 교동은 과거 중국과의 해상교류 통로이기도 했다. 그리고 섬이니 당연히 어업도 성했을 것이다. 이러한 배경을 보면 교동에 포구가 발달했을 것임은 어렵지 않게 짐작할 수 있다.

교동에는 과거 10개 이상의 포구가 발달해 있었다고 한다.[55] 읍치

(邑治)가 현재의 고구리(고읍)에 있던 시절에는 북쪽으로 황해도 각산과 연결되는 인점진(각산진), 동쪽으로는 강화와 연결되는 비석진이 중요한 포구였던 듯하다. 이후 읍치를 화개산 남쪽으로 옮기면서 군사적 용도의 포구로서 남산포의 활용이 늘어난다. 남산포는 과거 남진포(南津浦)로도 불렸던 곳이다. 조선후기의 고지도를 보면 남산포는 교동읍성의 남문과 연결되는 포구로 삼도수군통어영과도 중요한 관계를 갖는 곳이다. 물론 인근에 고려시대의 사신당(使臣堂)이라는 곳이 현재도 남아 있는 것으로 보아, 중국을 오가던 사신들이 이미 고려 때부터 이 포구를 주로 이용했다는 이야기도 있다.

6월 어느 날 찾은 남산포는 포구라고는 하지만 오가는 배도 사람도 모습을 보기 힘들었다. 그나마 오늘날 교동에서 포구로서의 기능을 하는 유일한 곳인데 말이다. 어선 몇 척이 정박해 있고 파도와 갈매기 울음소리만이 귓가를 울리는 곳이었다. 한적하다 못해 적막하기까지 한 포구의 모습이 오늘날 남북 분단으로 인해 바다가 막힌 섬 교동의 현실을 보여주는 듯했다.

얼마 전까지 남산포에는 바로 바다를 면한 바위 앞에 '삼도수군통어영지(三道水軍統禦營址)'라고 적힌 안내판이 있었다. 지금도 그 안내판이 있는 줄 알고 찾아보려 했는데 도통 찾을 수가 없었다. 그때 마을주민으로 보이는 할아버지 한 분이 어떤 일로 왔는지 물었다. 주말도 아닌 평일 낮에 젊은 사람이 인적도 드문 포구 주변을 서성이니 궁금하셨나 보다.

"어떻게 오셨소?"

"저 혹시 '삼도수군통어영' 안내판은 치웠나요?"

"어, 얼마 전에 치웠어."

"잘못된 거라 치운 건가요?"

"응 그렇지"

언제인지는 모르겠지만 삼도수군통어영 안내판은 치웠다고 한다. 조사를 위해 일부러 찾아보러 왔는데, 삼도수군통어영 안내판 가지고 글 좀 써보려 했는데 치워버렸다니 조금 허무하기는(?) 했지만 어쨌든 잘 된 일이다. 이미 알 만한 사람들은 다 알고 있겠지만 그 안내판은 위치가 적절하지 않다. 통어영이라는 개념을 어떻게 볼 것인가에 따라 달라질 수는 있겠지만 남산포 바닷가에 통어영의 본부가 위치했다고 보기는 어렵기 때문이다. 삼도수군통어사가 경기수사직과 함께 교동도호부사를 겸직했으니 통어영의 본부라고 할 수 있는 곳도 현재의 교동읍성 안에 위치했을 것이다. 조선후기 고지도를 보면 남산포는 읍성의 남문과 연결된 포구로서 통어영 소속의 전선의 출입과 훈련이 이루어졌던 공간으로 보는 것이 맞다. 그렇다면 교동읍성이나 교동부지(喬桐府址)의 안내 설명에 통어영에 대한 내용이 짧게나마 들어가는 것도 좋을 것 같다.

교동은 오늘날 바다가 막힌 섬이 되어버렸다. 섬은 바다를 통해 물자를 얻고 교류를 하며, 좀 더 거창하게 말하자면 생명을 부여받는다. 그런데 교동은 분단의 현실 앞에 바다가 막힌 섬이 되어버린 것

▲ 남산포에는 함선계류석만이 홀로 남아 조선시대 배가 드나들었음을 보여주고 있다.

이다.

최근에 교동에서 사람들에게 포구로서 잘 알려진 곳은 월선포였다. 월선포는 강화의 창후리와 연결하는 여객선이 오가던 곳이다. 다리가 놓이기 전까지 교동으로 들어가기 위해서는 배를 타고 월선포를 거쳐야만 했다. 그런 상황이니 월선포는 한동안 교동에서 가장 인파가 북적대는 곳으로 남산포와 함께 열린 포구로서의 기능을 하던 곳이다. 그런데 강화와 교동 사이에 교동대교가 놓이면서 여객의 중심이었던 월선포도 퇴락의 길로 접어든 듯하다. 배가 끊긴 뒤의 풍경이 어떨까 해서 교동의 월선포를 일부러 찾아가 본 적이 있다. 역시나 적막감만 흘렀다. 과거 여객선을 대던 선착장에는 몇몇 낚시꾼들만 보일 뿐이다. 교동을 찾던 많은 사람들의 추억과 애환이 담긴 공간이 이렇게 사라져 가고 있으니 아쉬운 생각이 들었다.

남북의 긴장과 대치 상황에서 접경지역에 대한 통제는 당연한 방침이고, 다리가 놓이면서 교동 주민들의 삶이 개선되는 방향으로 나아가는 것도 좋은 일이다. 하지만 교동이 가진 섬으로서의 정체성을 보여주는 포구의 퇴락이 계속되는 것도 안타까운 일이다. 섬이 바다로부터 생명력을 얻는 공간이 포구라는 생각이 틀리지는 않다고 본다. 그렇다면 역시 필요한 것은 남북의 대립이 해소되고 평화공존의 시기가 시작되는 것이다. 물론 분단 이후 우리의 현대사가 증명하듯 결코 쉬운 일은 아니겠지만, 언젠가는 남북 간의 평화가 정착되어 교동의 바다가 동서남북 사방을 향해 활짝 열리는 날을 기대해 본다.

4. 교동읍성 이야기

교동 역사의 상징

　　교동읍성은 교동의 역사를 대표하고 상징하는 유적이다. 조선시대 서해 방어의 중심 공간이었고 오늘날도 남북대치 상황에서 긴장에 놓여 있는 현실에서 대립, 긴장, 전쟁 등 교동의 중심이 되는 역사성을 분명하게 드러내 보이기 때문이다. 물론 남아 있는 구조물의 규모나 상태를 보고서 이러한 생각에 의문을 갖는 사람들도 있을 것이다. 교동읍성이라고는 하지만 현재 대부분 훼손되어 사라지고 눈에 띠는 유적은 성의 남문 일부밖에 없다. 또 사실 교동읍성 자체가 원래 웅장한 규모의 성이 아니다. 교동읍성의 현재 둘레는 856m이고 잔존 성벽의 높이는 3.6m로[56] 어찌 보면 소박하기까지 하다. 그런데 교동읍성이 갖는 의미는 그 유적 자체의 규모에 있는 것이 아니다. 조선시대 서해 관방의 중심으로서 상징성을 띠는 구조물이라는 데에 있는 것이다.

　　교동읍성은 성곽의 규모 자체가 커야 할 필요성이 작은 성이다. 교동읍성은 경기수영과 삼도수군통어영 그리고 교동도호부 관아가 위치했던 곳이다. 즉, 군영이자 읍치로서의 성격을 보여주는 구조물로

▲ 복원공사 전 교동읍성 남문의 모습(2013년 촬영)

서 성이 필요했다. 교동읍성은 군정과 행정의 공간임을 알려주는 상징물이라고 할 수 있다. 그렇다보니 실제 전투를 대비한 성의 방어적 기능이 축소되었을 수 있다. 남한산성이나 수원 화성과 같은 규모의 성곽을 두르는 것은 자원의 낭비가 될 뿐이었다. 북한과 접한 서해의 방어를 위해서는 해군에 이지스함 등 최신 함선을 도입하고 실제 바다를 누비는 전함의 어뢰나 미사일, 레이더의 성능을 개선해야지, 평택의 제2함대 사령부 청사를 방어하는 데에 공력을 더 쏟을 수는 없는 것과 마찬가지로 이해하면 된다.

교동의 행정과 군정의 중심 공간이었던 교동읍성은 언제 만들어졌을까? 문화재청 국가문화유산포털(http://www.heritage.go.kr/heri/idx/index.do)에서 확인해보니 1629년(인조 7)에 처음 쌓은 것으로 소개되어 있다. 1629년이면 교동에 경기수영이 설치된 시기이다. 『교동부읍지』(1899)에는 "(경기)수영을 설치할 때 쌓았다"고 기록되어 있다. 아마 이 기록을 따른 듯하다. 한편 『여지도서』에는, 명확한 근거는 없다고 하면서도 "교동에 월곶진을 설치했을 때 만들어진 것으로 옛날부터 전한다."라고 하였다. 월곶진은 조선초기 15세기 즈음에 만들어졌는데, 15세기라면 교동의 읍치는 북쪽 고구리에 있었으므로 월곶진의 진성(鎭城)이 있었다는 것이다.

그런데 17세에서 18세기 초까지의 고지도에서 교동읍성을 그려 넣은 것을 찾을 수 없다고 한다.[57] 전근대의 지도라는 것이 지형의 모습이나 지표상의 여러 사항을 요즘처럼 정확하고 세밀하게 기재하지는 않았지만 그래도 의문이 가는 부분이다. 18세기 중반에 들어 고지도에 교동읍성이 명확히 나타나기 시작하고[58] 『여지도서』에도 읍성에 대한 기록이 나오니 18세기 중반 이전에는 읍성이 있었던 것은 분명하다. 일반적으로 알려진 1629년보다 교동읍성이 지어진 시기가 늦어질 수도 있겠다.

한편으로는 현재의 교동읍성이라는 구조물 자체를 언제 지었는가에 꼭 얽매이지 않는다면 다르게 볼 수도 있을 것 같다. 응암량에 경기우수영이 들어섰을 때에는 교동에 수군지휘부의 방어시설도 만들었을 가능성이 있다. 그것이 꼭 어느 정도 규모의 성곽을 갖추지 않았어도 말이다. 그리고 후에 월곶의 첨사진, 경기수영과 도호부, 삼도통어영 등이 차례로 들어서면서, 물론 중간에는 퇴락도 있었겠지만 오늘날 우리가 생각하는 교동읍성의 모양을 갖추게 되지 않았을까. 아마 번듯한 읍성의 모습을 갖추게 된 것은 수영이나 통어영이 들어섰을 때일 가능성이 높다. 그러한 부분을 반영한 것이 과거 읍지나 고지도일 것이다. 교동읍성은 오랜 세월 서서히 이루어진 역사의 산물이라는 생각을 해본다.

교동읍성의 풍경

2017년 6월에 교동읍성 남문을 찾았을 때 마침 복원 공사를 하고 있었다. 남문의 성벽과 성문의 홍예를 해체한 뒤 복원하고 문루를 신축하는 내용의 공사였다. 공사를 위한 석재와 목재 등이 남문 앞

▲ 2017년 6월의 복원 공사 중인 교동읍성(남문)

에 잔뜩 쌓여 있었다. 공사가 마무리되면 문루까지 갖추어진 남문의 모습이 온전하게 완성되는 것이었다. 어떤 모습의 복원이 될까 궁금해졌다. 일반적으로 사람들이 교동읍성을 찾는다고 하면 읍성의 남문을 둘러보고 사진을 남긴다. 남문 이외에도 일부 흔적이 남아 있기는 하지만 관심을 들여 일부러 찾지 않으면 쉽게 확인하기는 힘들다. 교동읍성이 말 그대로 성이라는 것을 분명하게 보여주는 것은 남아 있는 남문이다. 『여지도서』의 교동읍성에 대한 기록은 다음과 같다.

둘레는 1,006자이고 높이는 3길이다. 동남북에 3개의
문을 설치했는데 모두 단층 누(樓)이다. 성문 옆에 곡성
(曲城)이 있으며 네 곳에는 옹성(甕城)이 있다.

읍성에는 동남북에 3개의 문이 있었고 모두 단층의 누를 갖추었다. 남문의 유량루, 동문의 통삼루, 북문의 공북루가 그것이다. 그런데 김정호의 『여도비지』에는 성문이 넷이라고 나와 있고 역시 김정호가 편찬한 『대동지지』에는 동남북 3문 이외에 소남문이 하나 더 있다고 하였다. 그러니 총 4개의 문이 있었던 모양이다. 동문과 북문은 현재 문루의 흔적이 전혀 남아 있지 않다. 이미 조선 말기에도 무너져 있던 상태로 중건되지 않은 상태였다. 동문과 북문의 터로 추정되는 곳을 현재 찾을 수 있다. 소남문의 경우 그 위치를 아직 파악하지 못하고 있다. 곳곳에서 성벽의 흔적도 일부 확인된다. 하지만 성돌을 민가의 담이나 경작지의 경계로 이용하기도 하는 등 점점 훼손이 심해지는 상황이다.

『교동부읍지』(1842)에서는 읍성에 동·남·북의 3문만 남아 있는 상황이라 했다. 성벽은 대부분 허물어졌다는 것으로 이해된다. 이미 19세기 중반의 시기에는 성의 관리가 제대로 안되고 있었다. 그리고 『교동군읍지』(1899)에 따르면 1884년에 통어사 이교복이 성의 문루와 치첩 등 전체를 쌓았으나 완성하지 못하였고 남문을 방어사 김백륜이 같은 해 중건하였다고 전한다. 지금 남아 있는 남문의 홍예가 아마 이 당시 중건한 흔적일 듯하다. 그리고 같은 기록에 동북쪽 두 개의 문은 오랫동안 무너진 상태였다고 하였다. 이러한 상태가 지금까지 이어지는 것이다. 교동읍성이 무너져간 기록을 살펴보면 조선후기 국방체제가 점차 해이해지는 상황을 보여주는 듯하다.

교동읍성은 읍성이자 서해의 수군지휘소로서 내부에는 다양한 관청 건물들이 있었다. 『교동군읍지』(1899)에는 정사를 보는 근민당 등 총 27개의 관청 건물(公廨)이 소개되어 있다. 또한 동헌의 남쪽에는 관아의 출입구 역할을 하는 안해루가 있었고 그 앞에 삼문루가 있었다. 하지만 오늘날 옛 통어영의 위용은 찾아 볼 수 없다. 단지 교동읍

▲ 교동도호부 관아터의 모습. 안해루의 두 기둥이 보인다.

성 남문으로 들어가 동쪽으로 조금만 돌아가면 민가 옆에 교동부지(喬桐府址)라는 이름으로 교동도호부 관아터가 남아 있을 뿐이다. 그곳에 안해루의 기둥 두 개와 돌계단만 남아 이곳이 관아의 터였음을 그나마 보여주고 있다. 안해루의 다리 구실을 한 기둥 중 나머지 두 개는 지금 다른 곳에 가 있다. 나머지 두 개의 기둥은 일제강점기에 교동초등학교 교문의 기둥으로 썼다가 현재는 교정 한 켠에 세워져 있다.

교동에 배치된 수군 지휘관들은 안해루에 올라 교동의 앞바다를 바라보면서 많은 생각에 잠겼던 것 같다. 『교동군읍지』(1899) 제영조에는 교동에 온 지휘관들이 자신의 소회를 읊은 시들이 여럿 남아 있다. 그 내용을 보면 아마 안해루 누각 위에 올라 지은 것으로 생각되는 것이 많다. 그 중 '안해루시'라 전해지는 시 한 수를 감상해 보자.

통어영 삼문은 물가에 열려 있고, 높은 누각은 구름에 이었네.
기세는 강화부와 이어졌고, 지역은 바다 끝 진터로 목구멍과 같네.
삼도통어사가 다스리는 곳은 사방으로 순행치 않아도 태평하구나.
서생의 할 일은 지금 이 정도이니, 문무를 겸비한 옛 현자들에게 부끄럽네.

누가 지었는지는 모르지만 아마도 통어사가 안해루에 올라 지은 시 같다. 통어영의 옛 풍경과 분위기를 잘 보여주는 시이다. 하루 일과를 마치고 해질 무렵 붉게 노을이 질 때 안해루에 올라 바라본 쓸쓸한 바다 풍경과 귓가를 울리는 파도 소리에 통어사의 머릿속은 수많은 상념으로 가득했을 것이다. 시가 한 수 떠오를 수밖에 없는 모양새다.

안해루 앞에는 삼문루라는 또 다른 누각이 있었다. 1890년에 교동부 지부(知府)인 민경호가 중건했다고 하지만 지금은 그 흔적을 찾을 수 없다. 또한 추오헌, 팔각정 같은 누정의 기록이 전해지나 지금은 모습을 찾을 수가 없다.

『여도비지』에 읍성에 우물이 하나 있다고 전한다. 교동부지 관아 터 앞에 우물이 하나 있는데, 아마도 이 우물을 말하는 것 같다. 투명유리로 덮어 보호하고 있는데 이 우물이 유명한 것은 옛날에 황룡(黃龍)이 나왔다는 이야기 때문이다. 『태종실록』에 다음과 같은 기사가 전한다.

> 황룡이 경기 교동현 수영의 우물 속에 나타났다. 수군첨절제사 윤하(尹夏)가 보고하였다.
> "영 앞에 우물에서 군사가 물을 긷고자 하여 우물가로 갔는데, 황색의 커다란 용이 우물에 가득차서 보였는데, 허리 둘레가 기둥 같았습니다. 우물의 둘레가 12척 5촌이고, 깊이는 2척 3촌이었습니다."[59]

▲ 황룡이 나타났다는 우물

우물에서 황룡이 나왔다니, 대체 무엇이었을까? 어떤 자연현상인 듯 한데 잘 모르겠지만 용이라 생각할 만한 형태였나 보다. 용은 신비한 영물이니 수군첨사의 보고가 임금에게까지 올라갔던 모양이다.

이 하나 있다. 부군당(府君堂)이라고도 한다. 시멘트로 지은 벽체에 슬레이트 지붕을 얹은 작은 건물이다. 교동에 유배 왔던 연산군과 부인을 모신다고 한다. 연산군은 왕위에서 쫓겨나 교동으로 유배를 왔다. 그런데 그 교동에서 사후에 신 대접을 받고 있다. 사당의 앞의 안내판 내용에 따르면 현재 제사를 지내지는 않는다고 한다. 교동 사람들은 왜 폭군 연산을 신으로 모시게 되었을까. 지존의 자리까지 오른 인물이 쫓겨나 섬에 유배 온 것에 대한 안타까움 때문일까? 그의 인생을 보면 다소의 동정감이 드는 부분도 있지만 그 악행은 어떤 이유로도 합리화하기 힘들다. 어쨌든 살아생전에는 나라를 망쳤지만 사후에라도 신이 되어 이곳 교동에서 사람들을 위해 좋은 일을 해주면 다행이겠다.

▲ 교동 부근당의 내부 모습

문화재의 가치와 주민의 삶

교동읍성은 문화재이면서 삶의 공간이기도 하다. 주변에는 주택과 농경지가 바로 인접해 있다. 주민들의 생활공간과 역사의 공간이 함께 하는 것이다. 몇 년 전 크게 인기를 끌었던 텔레비전 여행 프로그램에서 유럽 발칸반도의 크로아티아가 소개된 적이 있는데, 두브로브니크라는 도시가 인상적이었다. 유네스코 세계유산으로 등재된 이 도시의 구시가지는 고성(古城) 등 고건축물이 여전히 사람들의 삶의 공간으로 이용되고 있었다. 문화유산이 사람들과 유리되고 박제화된 것이 아니라 생활의 장소로 숨 쉬고 있었다.

직접 가보지도 못한 두브로브니크의 이야기를 꺼낸 것은 유적과 주변 주민들의 관계를 어떻게 설정해야 하는가에 대한 고민 때문이다. 역사유적의 보존과 복원 그리고 주민들의 재산권등은 복잡하게 얽히고 섞여있다. 교동을 포함한 강화군에는 많은 수의 역사유적이 분포해 있으면서 보수나 복원 사업도 계속 펼쳐지고 있고, 또 한 편에서는 문화재 보호와 주민의 권리 간에 갈등이 자주 생기는 곳이라 그러한 문제에 대해 종종 생각해 보곤 한다.

문화재의 보존을 위해 주민들의 희생만을 강요하는 시대는 지났다. 역사와 문화가 우리에게 중요한 정신적 가치를 제공한다 해도 당연히 우선시되어야 하는 것은 사람이다. 역사의 중심이 사람인데 역사의 가치를 지킨다고 사람을 괴롭히는 지경이 되어서는 안 될 일이다.

그렇다면 유적의 보호와 주민들의 삶을 어떻게 하면 조화롭게 할 수 있을까? 지금까지는 주로 문화재를 적극적으로 활용하여 관광객을 늘리고 이를 통해 지역의 수입 증대를 이끄는 것이 필요하다고 생각했다. 당연하게 받아들일 수 있는 논리이다. 하지만 수입증대나 지역 발전에만 집중하면 또 다른 문제가 발생한다. 최근 세계적 관광지인 이탈리아 베네치아 주민들이 관광객으로 인한 심각한 불편으로 관광객 방문 반대 운동을 한다는 소식이 언론에 보도되기도 했다. 베네치아 뿐 아니라 세계의 유명 관광지들에서 주민들의 반(反)관광객 분위기가 점차 확산되고 있다. 실제 관광객의 증가는 쓰레기 무단투기, 교통체증, 부동산 임대료 상승 등 많은 사회 문제를 발생시키기도 한다. 또 관광객 증가로 인한 지역발전에서 원주민들은 소외되고 엉뚱한 사람들이 과실을 챙기는 이른바 '젠트리피케이션'의 사례를 찾아보는 것이 어렵지 않다.

물론 역사유적을 활용하여 지역 발전이 이루어진다면 좋을 것이다. 하지만 이제는 한 발 더 나아가는 관점이 필요하지 않을까? 역사유적이 내가 사는 공간의 품격을 높여준다는 인식의 확대가 그것이다. 내가 사는 공간에 문화재가 있다면 그것이 불편이나 번거로움을 발생시키는 것은 분명하다. 그럼에도 문화재를 통해 생활공간의 품격을 높인다는 인식이 확대된다면 각종 규제로 인한 갈등도 줄어들 수 있지 않을까. 그런데 그 품격이란 다름 아닌 해당 유적의 역사적 의미나 가치에서 나오는 것이고 그것은 바로 다시 보존이나 복원의 문제와 연결된다.

남문의 복원 현장을 보면서 한 편으로는 사람들에게 더 볼거리를 제공한다는 측면에서 반갑기도 했지만 과거의 문화재 복원의 문제를 답습하지는 않을까 걱정이 되기도 했다. 문화재의 복원이 필요한 경우가 있지만 역사성을 훼손한 복원이나 사실상의 상상의 건축물을 만들어버리는 경우들이 있기 때문이다. 문화재의 활용이라는 측면에서 복원이 필요하겠지만 가능한 최소한도의 범위에서 보수 정도에 그치는 것이 바람직하지 않을까? 문화재의 훼손은 막아야 하겠지만 오래되어 허물어진 성곽이나 건물들이 사라져버린 폐사지에서 사람들이 오히려 역사의 모습을 마음으로 더 잘 느낄 수도 있으니 말이다.

교동은 강화 본섬에 비해 문화재 보호와 관련된 갈등은 적은 듯하다. 하지만 교동대교가 놓이면서 앞으로 지역개발에 대한 주민들의 기대가 커질 수 있다. 규모나 현존 상태로 봐서 두브로브니크와의 비교가 적절하지 않을 수도 있지만, 교동읍성도 오늘날 역사 유적이면서 동시에 삶의 공간인 것은 분명하다. 교동읍성은 많이 훼손된 상태이기는 하지만 아직 주변에 본격적인 개발이 이루어지지도 않았다. 역사의 공간이 곧 삶의 공간으로서 적절히 조화를 이루는 좋은 모델이 될 수도 있는 곳이다. 교동읍성이 현재 사람들의 삶이 살아있으면서 동시에 품격 있는 역사의 공간이 될 수 있도록 하기 위한 지혜를 모아야 할 때이다.

참고문헌

『고려사』

『조선왕조실록』

『경국대전』

『신증동국여지승람』

『만기요람』

『동국여지지』

『여지도서』

『강도지』(이형상)

『속수증보강도지』(박헌용)

『교동군읍지(1899)』(『(역주) 교동군읍지』, 인천역사자료관, 2006)

황규열, 『喬桐史』, 교동문화연구원, 1995.

『譯註 喬桐郡邑誌』, 인천광역시 역사자료관, 2006.

강화군청·인하대학교박물관, 『강화 교동읍성 정밀 지표조사 보고서』, 2007.

인하대학교 한국학연구소 편, 『喬桐鄕校誌』, 교동향교, 2012.

『增補 新編 江華史』, 강화군 군사편찬위원회, 2015.

『譯註 江都志』, 인천광역시 역사자료관, 2015.

최중기 외, 『교동도』, 민속원, 2015.

이진환, 『喬桐島의 歷史와 文化散策』, 정행사, 2016.

이경수, 『강화도史』, 역사공간, 2016.

이민웅, 『18세기 江華島 守備體制의 强化』, 「한국사론」32, 1995,

송양섭, 「17세기 江華島 방어체제의 확립과 鎭撫營의 창설」, 『한국사학보』13,
　　2002.

임용한, 「14~15세기 喬桐의 군사적 기능과 그 변화」, 『인천학연구』3, 2004,

김경옥, 「조선시기 喬桐 사람들의 入島와 築筒·堤堰을 통한 토지개간」, 『島嶼
　　文化』32, 2008.

필자는 보고서 속 증언들을 읽으며 속이 뒤틀리거나 비위가 상하는 느낌을 받았다.
그저 관광하기 좋은 조용하고 작은 섬이라고만 생각해왔는데,
그런 잔인한 일들이 벌어졌었다는 사실을 알고 나서 머리가 명해졌다.
보고서 속의 많은 기록 중 교동의 고구리 지역에서 벌어진 사건 하나를 소개한다.

4장

살아있는 아픔의 역사

정이슬
(前인천역사문화센터 연구원)

교동도는 인구 약 3,000명 정도 밖에 되지 않는 작은 섬이다. 법정리는 13개, 행정리는 17개이다. 남쪽 일부를 제외하면 섬의 대부분 지역에 해안선을 따라 철책이 쳐져있고, 어로한계선으로 조업이 제한되어 있다.[01] 따라서 사면이 바다인 섬이지만 어업활동을 할 수 없다. 결국 교동의 많은 포구들은 기능을 상실했고, 자연스럽게 농업 중심의 섬으로 변화하여 인구의 약 40%가 농업에 종사하고 있다.[02] 그리고 교동도는 섬의 전 지역이 민간인출입통제선(민통선) 및 군사시설보호구역으로 지정되어 있다. 민간인이 출입하면 관할 부대의 통제를 따라야 하고 출입증을 받아야 출입할 수 있다. 교동대교가 개통된 지금도 마찬가지이다. 예전에는 출입이 더 엄격했지만 지금은 많이 완화된 상태라고 한다.

또한 교동도는 북한 땅을 가까이서 볼 수 있는 지역 중 한 곳이다. 북쪽 해안을 따라 쳐진 철책망 너머 가깝게 마주하는 북한 땅은 황해도 연백이다.[03] 교동도 서북쪽 율두산 자락의 망향대를 방문했을 때 안개가 약간 껴있어 시야가 좋지 않았지만, 바다에 펼쳐진 개펄

▲ **망향대에 올라 바라본 풍경** 저 멀리 바닷가를 따라 철책이 보인다.

너머로 나무가 많지 않아 황량해 보이는 땅을 흐릿하게 볼 수 있었다. 그곳이 바로 연백지역이었다.

해방, 좌·우 이념 대립, 한국전쟁을 거치며 교동도는 많은 변화를 겪었다. 눈 앞에 바다가 있지만 물고기를 잡을 수 없는 섬이다. 황해도 연백 땅이 눈앞에 보이지만 철책선에 가로막혀있다. 떠나온 고향으로 다시 돌아갈 수 없는 연백 출신의 실향민들은 자식들은 뭍으로 보내고, 본인들은 그대로 교동에 정착하여 남은 삶을 보내고 있다.

교동도는 밖으로 나가기 어려운 폐쇄적 환경 때문에 1950~60년대 과거의 모습을 많이 간직한 공간이 되었다. 옛 시절에 대한 추억과 그리움, 이색적인 풍경에 호기심을 가진 관광객들이 교동을 찾아오고 있다.

1. 해방과 분단, 그리고 교동

1945년 8월 15일, 해방된 교동

　　1919년, 일제강점기 당시 전국적으로 일어났던 3·1운동 대열에 교동도 합류했었다. 강화도 본섬보다는 조금 늦은 3월 21부터 시작된 교동 지역의 만세운동은 수일간에 걸쳐 섬 전역으로 확대되었다. 독립운동은 화개면(華蓋面) 읍내리(邑內里)를 중심으로 일어났다.[04] 화개면 주민들은 만세시위를 벌이며 일본 경찰, 군대와 대치하다가 발포에 의한 무력진압으로 해산당하거나, 잡혀가기도 했었다. 이후 3월 말 까지 교동에서는 간간히 만세시위가 열렸고 일제에 의해 진압되는 일이 빈번히 벌어졌다.[05]

　　그리고 수십 년 후인 1945년 8월 15일, 일본의 무조건 항복과 함께 조선은 36년간의 일제강점기에서 해방되었다. 조선 전역에 퍼진 해방의 기운 역시 교동까지 확산되었고, 읍내리의 많은 주민들은 해방의 기쁨을 맛보았다.

　　해방 당시를 회상한 구술 기록에 따르면 읍내리 일대에서는 꽹과리를 치면서 풍물패가 공연하였고, 마을 사람들은 쫓아다니면서 구경하고, 춤을 추는 등 축제가 벌어졌다고 한다. 그리고 다른 지역과 마찬가지로 '친일반민족자', 즉 친일파로 활동했던 사람들의 집에 침입해 집을 부수거나 장독대 같은 살림도구를 파손시키는 사건들도 일어났다. 청년들이 중심이 되어 동네 주민들은 일제에 협력했던 친일반민족자들을 찾아내 응징을 시도했고, 일제에 협력해 권력을 누렸던 이들은 인천 지역 등으로 잠시 피신했다가 몇 달 후에나 돌아올 수 있었다. 고깝지 않을 리가 없었다.[06]

　현재 교동도의 중심지는 읍내리가 아니다. 해방 이후 일련의 사건들로 인해 교동도의 정치·사회적 중심은 읍내리에서 대룡리(大龍里)로 옮겨갔다. 2017년 지금까지도 면사무소를 비롯해 파출소, 농협, 우체국, 학교 등 섬의 주요 기관, 대룡시장으로 대표되는 관광지는 읍내리 옆 대룡리에 모여 있다.[07] 이는 해방을 기점으로 교동에 크고 작은 여러 가지 일들이 벌어지면서 나타난 결과이다. 당시 교동지역에 무슨 일이 있었고, 왜 이런 변화가 일어났는지는 해방 직후 교동에 일어난 일들을 살펴 볼 필요가 있다.

해방 이후 교동의 혼란

　　교동 지역이 해방의 기쁨을 맞이한 행복한 시간은 그리 오래가지 못했다. 광복 이후에 남과 북에 각각 미군, 소련군이 진주하여 남한에는 미 군정이 시작되었다. 소련과 미국의 대치에 따라 발생한 치열한 좌익·우익의 이념대립은 교동에도 영향을 미쳤다. 좌·우익의 대립이 격렬해지면서 교동도 이를 피할 수 없었고, 결국 이념 대립의 희생양이 되었다.

해방 당시 교동에는 강화 최고의 대지주 '김석홍'이 있었다.[08] 김석홍은 고리대금, 장리빚을 통해 돈이 모이는 대로 토지를 사들였던 사람이다. 이 사람이 강화, 교동 일대에 가진 땅은 정말 많았는지 '남의 땅에 발을 딛지 않고 다닌다.'고 말할 정도였다고 한다.

그런데 해방 직후, 토지분배문제가 주요 화두로 떠올랐다. 당시 교동에 살고 있던 주민들에겐 소작 문제가 있었다. 소작농을 두고 자기 소유의 토지를 굴리는 지주로는 김석홍 말고도 황씨, 방씨 등도 있었지만, 가장 많은 땅을 보유했던 대지주 김석홍의 토지가 제일 먼저 분배의 목표물이 되었다. 결국 김석홍은 토지분배로 인해 강화-교동에 걸쳐있던 땅을 잃어버린데다 자식들의 사업이 실패, 한국전쟁을 거치며 가세가 기울어 큰 타격을 받아 몰락하고 말았다. 시대의 변화를 받아들여야 했던 김석홍의 희생 덕분에 가난했던 교동의 주민들은 꿈에 그리던 토지를 받게 되었다.

교동향교지에 의하면 토지분배를 주도한 건 해방 후 교동에 구성된 '인민위원회'였다. 인민위원회는 해방 이후 각 지역에 생겨난 조직으로, 그 지역의 치안, 생활문제를 자체적으로 담당하고 있었다. 인민위원회는 친일파들이 교동에서 쫓겨나자 그 빈 자리를 채웠다.

또한 인민위원회 외에도 몇몇 청년들이 적극적으로 활동하며 교동 사회를 주도했다. 이름이 알려진 인물로는 조준홍, 김봉용, 황인섭 등이 있지만 그 중 인사리 일대에서 활약했던 '황인섭'이라는 인물의 영향이 크다고 알려져 있다.[09] 일본 와세다대학을 나온 황인섭은 일제강점기 교동의 대표적인 사회주의 계열 지식인으로, 해방 후 남로당원으로 활동했다. 확실하지는 않으나 황인섭은 김봉용[10]과 함께 일제강점기에 독립운동에 가담한 전력이 있으며 후에 월북하였다고 한다. 황인섭은 교동지역 내 청년모임인 '협성회'에 영향을 끼쳤다고 하는데 협성회는 인사리 마을 인현동 청년들이 중심이 되어 결성된 조직이었다. 협성회는 안중근 의사에 대한 연극을 공연하거나, 야학활동을 하면서 섬 주민들에게 육지의 정세와 새로운 사회에 대한 전망을 이야기해주었다고 한다. 그 후 인사리 청년 협성회에서 활동하던 사람들의 대다수가 월북을 하였다고 한다. 또한 금융조합에 속한 조준홍의 활동도 있는데 조준홍 역시 일제강점기 사회주의 계열의 항일운동가였다.[11] 그는 금융조합에서 활동하며 "농사일에 편하도록 보쟁기, 호미, 낫 등 농기구를 준다."고 선전했고, 농사일로 먹고 살아가던 섬 주민들이 너도 나도 가입할 정도로 영향력이 컸다.

청년들의 활동으로 교동지역은 빠른 속도로 좌경화 되어갔다. 토지분배나 금융조합의 활동 이면을 들여다보면 먹고 사는 문제가 있다. 토지를 받고 농기구를 받기 위해 금융조합에 가입한 건 잘 먹고 잘 살고 싶었던 마음 때문이었다. 그리고 당시 사람들의 상황을 생각해 볼 때 사회주의가 구체적으로 무엇인지 알고 있던 사람은 위에서 제시한 3명 정도였을 거라고 추정된다. 즉 위에 언급된 몇몇 청년들을 제외하고는 사회주의와 같은 '이념'에 대해서 아는 게 거의 없는 상태가 당시 교동의 상황이었다. 그러나 교동의 주민들은 그들에게 협력했다는, 우호적이었다는 이유로 훗날 큰 희생을 치러야 했다.

희생의 시작

1947년 강화도에서 사람이 한 명 죽었다. 죽은 사람은 승기용(承己龍)으로, 미 군정관이 양사면 사무소 앞을 서성이던 그를 공산분자로 오인하여 사살해버렸다.[12] 이 사람은 공산당과 아무런 관련도 없는 평범한 민간인이었지만 '공산분자처럼 보인다.'는 황당한 이유로 죽고 말았다.

그로부터 2년 후인 1949년 10월 25일 교동면에서 '방첩대원 사건'이라 불리는 고문치사사건이 일어났다.[13] 사건이 벌어진 장소는 정미소 곳간이었다. 당시 방첩대원 장윤성 등 5인이 지역 주민 40여명을 이유도 없이 끌고와 문제의 곳간에 가뒀다. 방첩대원들은 가둬놓은 주민들에게 비인도적인 고문을 감행했고 그 결과 사망자가 발생, 죽은 사람들을 그 다음날 논바닥을 파고 아무렇지도 않게 암매장시켰다. 물론 특별한 이유 없이 주민 40여 명을 강제로 끌고 간 행위, 더 나아가 고문을 감행해 사람을 사망하게 만든 건 엄연한 불법이었다.

위의 사건이 알려진 건 당시 강화군 화도면장 출신의 제헌국회의원 윤재근이 국회에 보고해 진상 조사를 요구하였기 때문이다. 파문이 커지자 국회에서는 사건의 철저한 조사를 결의했다. 이후 육군본부 정보국장 장도영은 기자회견을 열어 범인들이 정보국 방첩대원

과는 전혀 관계가 없는 인물들이라고 주장하며 다음과 같이 발표했다.[14]

> 지난 11월 4일 강화군에서 우리 정보국 방첩대원이 불법 고문 치사하였다고 운운하는데 그들은 군 기관과 전혀 관계가 없는 민간인으로, 방첩대원으로 가장하고 평소 자기네들이 적대시하던 자를 좌익혐의로 취조한다는 명목 하에 구금 구타 치사한 사건이 있었습니다.
> 범인은 장윤성(47)·장창배(22)·박태식(21)으로 현재 인천헌병대에서 구금, 취조 중에 있으며 전혀 군인이 아님은 물론 정보국의 관리 또는 군속 기타 정식 증명서를 소지하지 않은 순전히 지방 민간 악덕도배임이 판명되었으며 수일 내로 군법회의에서 엄중 처단될 것입니다.

구술 증언에 따르면 당시 주민들을 납치 한 사람들, 방첩대원이라고 불린 이들은 교동 지역 내에서 활동하던 '보도연맹원'이라고 추정하고 있다.

1948년 남한에 단독정부가 수립된 이후 그 다음해인 1949년 보도연맹이 전국적으로 설립되었다. 교동 역시 보도연맹의 영향을 받았고, 1947년 강화도에서 희생된 민간인 승기용의 사례와 비슷한 사건이 1949년 10월에 발생한 것이다.

그렇다면 이 사건을 저지른 방첩대원의 뒤에 있는 보도연맹은 무

엇일까? 황인병의 『교동향교지』에는 보도연맹에 대해 아래와 같이 기록하고 있다.[15]

> 교동 농민조합장은 김봉용 씨로, 이 사람은 장사일 뿐 아니라 키가 7척이요 눈이 부리부리하고 걸걸하면서도 상대를 위압하는 거인이다. 이 밑에 딸린 추종자는 내용적으로는 남로당원이요 평소에 불량한 계층이었다.
>
> 이러한 좌익 단체들은 당세 확장을 위해 일반 사회단체나 관공서를 합법적으로 쟁취한다고 선전에 열을 올리면서 흉계를 꾸미니 이것이 약탈, 방화, 살인 등이며 이러한 사건들은 이들이 서슴없이 실천에 옮긴 것이다.
>
> 이러한 악질적 행동이 발각되자 이들에게 체포령이 내려지고, 체포되었던 이들을 올바르게 선도하여 계도하려고 했던 것이 보도연맹이다.

황인병의 기록을 확인하면 교동에도 다른 지역처럼 좌익 계열의 남로당이 있었고, 이들이 테러(위에 제시된 범죄들)행위를 벌이자 이들을 체포하여 계도하려 했던 단체가 보도연맹이라고 하고 있다. 보도연맹은 우익 계열의 단체로, 좌익 전향자를 보호하고 지도하여 과거 좌익 활동에 가담했던 죄를 씻어주고 온전한 국민으로 만들겠다는 목적을 표방한 단체였다.[16]

해방 이후 좌·우익의 대립이 격화되면서 상대 세력을 습격하거나,

심하면 살해하는 사례가 점차 늘어나기 시작했다. 우익의 테러에 맞서 좌익도 우익과 똑같은 짓을 저질렀다. 어떤 사건이 일어나면 우익 역시 보복하기 위해 좌익을 공격했다. 이 과정에서 저지르는 물건의 약탈이나 건물에 불을 지르는 방화(放火)는 폭력이나 살해에 비하면 약과였다. 위 사례들을 볼 때 폭력과 살인은 좌익과 우익이 서로를 공격하는 일반적인 수단이 되어갔음을 알 수 있다.

서로에 대한 보복이 빈번히 일어나면서 그 가운데 끼인 민간인들의 희생도 늘어날 수 밖에 없었다. 이념 대립, 상대방에 대한 보복은 한국전쟁 발발 후 강화, 교동, 석모도 일대에서 벌어질 민간인(소위 부역자) 학살의 시작점이기도 했다. 상대 진영에 가했던 잔인한 보복행위를 민간인에게도 그대로 자행했기 때문이다.

비극의 씨앗이 된 이념 대립은 1945년 8월 15일 일본의 무조건 항복으로 맞이한 광복으로 거슬러간다. 미국, 소련이 각각 남한과 북한에 진주하여 38도선을 계기로 대립하면서, 이 때부터 좌익·우익 간 이념 갈등이 시작되었다. 1945년 12월 27일 모스크바 3상회의에서 결정된 신탁통치안의 수용 여부를 두고 이를 강력하게 반대했던 우익, 소련의 지시에 따라 찬성운동을 벌였던 좌익으로 나뉘어 격렬하게 서로를 공격했다. 이후 소련의 공산주의 팽창정책, 소련의 팽창을 막으려는 미국의 봉쇄정책의 충돌로 양 극단의 이념대립은 '냉전'이라는 이름으로 더욱 심화되었다.[17] 그리고 그 대립의 과정에서 한국전쟁이 일어났다.

2. 전쟁과 학살, 교동에 남아있는
   아픈 기억들

　　1950년 6월 25일 새벽 4시, 북한의 선제공격으로 한국전쟁이 시작됐다. 이후 1953년 7월 27일 휴전협정이 체결될 때 까지 벌어진 치열한 전쟁은 수 많은 사람의 목숨을 앗아갔다. 이는 한반도에만 국한되지 않았다. 남한을 지원했던 유엔군, 북한을 지원했던 중공군 등 양 진영에 참전한 다른 국가의 병사들도 이 땅에서 목숨을 잃었기 때문이다.

　전쟁에서 희생된 이들은 병사들, 그리고 수많은 민간인들이었다. 한국전쟁 당시 남·북한 일대에서 얼마나 많은 민간인들이 사망했는지 그 숫자는 정확히 알기 어렵다고 한다. 일각에서는 민간인 학살자만 100만명이 넘는다는 주장도 제기되고 있다.[18] 민간인 학살의 문제는 아직까지 완전히 해결되지 못했기에, 지금도 방송매체나 신문 기사들을 통해 간간히 언급되고 있다.

　교동 지역도 전쟁의 비극을 피해갈 수는 없었다. 전쟁에 참전했던 사람들, 폭격에 휘말렸던 사람들, 그리고 광풍처럼 몰아닥친 부역자

처리 과정에서 희생되었던 사람들이 있다. 이 장에서는 나라를 지키기 위해 싸웠던 사람들의 이야기, 그리고 나라에 의해 희생된 사람들에 대한 이야기를 해볼까 한다.

한국전쟁과 교동도

『신편 강화사』에 실려 있는 강화군 연표에 따르면 전쟁이 발발한지 이틀 만인 6월 27일 강화도는 북한군의 수중 하에 들어갔다고 한다. 그 인접 섬들인 교동도와 석모도도 강화도와 비슷한 때에 점령당했을 가능성이 높다. 특히 강화, 교동 일대는 날씨가 매우 좋으면 연안, 배천, 개풍 일대를 눈으로 볼 수 있는 지역이다. 전쟁 당시 그어져있던 38도선을 생각하면 개풍과 연안에서 건너온 사람들이

▲ 강화 및 교동 일대 위성 지도(네이버 위성지도 참조)
노란색 북방한계선을 넘어가면 연안, 배천, 개풍 일대로 이어진다.

도착하는 가장 가까운 지역 중 한 곳이 강화, 교동 일대이니 적당한 배를 타고 온 북한군이 침입해 점령해버린 것이다.

북한군에 맞서 우익 성향의 청년들은 지역을 지키기 위해 반공단체를 조직하여 대항해 싸웠다. 그러나 다수의 힘없는 교동 주민들은 점령군들이 시키는 대로 따랐다. 그들이 요구하는 명령을 따르지 않으면 죽임을 당했을 테니 살기 위해서 그들에게 협조할 수 밖에 없었다.

유엔군이 파병된 후 전세는 역전됐다. 인천상륙작전이 성공하면서 국군은 빠른 속도로 북진하기 시작해 평양을 수복하고 압록강 근처까지 진출해 통일을 눈앞에 두게 되었다. 그러나 1951년 1월 어마어마한 수의 중공군이 개입하면서 국군·유엔군은 다시 후퇴할 수 밖에 없었다. 1953년 7월 27일 휴전 협정이 맺어지기 전까지 38도선을 중심으로 국군과 북한군, 유엔군과 중공군이 뒤섞여 치열한 각축을 벌였다.

약 3년여 간 38도선을 경계로 후퇴와 수복이 반복되고, 점령 세력이 바뀌며 많은 지역의 민간인들은 이념의 피바람에 휘말려 희생당했다. 좌익이니 우익이니 이러한 이념이 생소했던 민간인들은 살기 위해서 교동을 점령했던 군대의 명령을 따랐을 뿐이다. 그런데 이들이 물러나고 반대 세력이 다시 교동을 점령했다. 그들의 입장에서 볼 때 적군, 적대세력에 협조했던 교동 주민들은 '부역자(附逆者)'였다. 부역자는 국가에 반역이 되는 일에 동조하거나 가담한 사람들을 말한다. 전시 상황 상 당연히 이들은 부역자이니 살려놓을 이유가 없었고, 적에게 협조했다는 죄목으로 처형당했다.

교동 지역은 대지주 김석홍이 보유했던 토지 분배의 사례가 있듯이 전쟁 이전부터 청년 사회주의자들이 활동하면서 좌익적인 성향이 있던 곳이었다. 한국전쟁 당시 강화도가 점령당했을 무렵 교동은 북한군과 사회주의자들이 장악했다. 후에 인천상륙작전을 계기로 국군이 다시 이 지역을 수복했을 때 사회주의자들과 부역했던 사람들은 대부분 북쪽으로 도망쳤지만, 남겨진 가족들은 부역자로 몰렸고 이 중 적지 않은 사람들이 사망했다.

교동 곳곳에는 한국전쟁과 관련된 흔적들이 남아있다. 대표적인 곳이 고구리 충혼전적비다.

고구리 충혼전적비(UN 8240 을지乙호유격군 충혼전적비)

고구리 충혼전적비는 2001년 11월에 건립되었다. 교동도로 진입하는 다리를 건너, 고구저수지로 향하는 길을 따라가면 도착할 수 있다.[19] 충혼전적비에 잠든 이들은 한국전쟁 당시 UN 8240 켈로부대 소속 유격군 을지타이거여단(이하 타이거여단)의 군인들이다. 이들은 특히 인천상륙작전 등에 공헌을 한 부대로 잘 알려져 있기에 현충일이나 인천상륙작전 기념일이 되면 추모제가 열린다.

2016년 9월 7일 오전, 8240 유격군 을지타이거여단전우회 주최로 충혼전적비 건립 15주년 기념 전몰유격군을 위한 추모제가 열렸다.[20] 추모제에는 타이거여단 전우회원, 유가족, 군장병, 인천 국가보훈처

장, 주한미군 특수전사령관 등이 참석했다. 나라를 지키다 죽어간 유격부대원들의 죽음을 애도하며 이들을 위한 헌화 및 분향식, 추도사를 거행했다.

전적비 주변에는 기념비가 세워진 경위가 적혀있었고, 검은색 현판에 당시 사망한 유격부대원들의 이름이 새겨져 있었다. 전적비 좌, 우측에 세워진 호랑이 동상이 눈에 띄었다. '멸공'이라는 글씨가 조각된 용맹스러운 하얀 호랑이 두 마리가 바다를 바라보며 포효하고 있었다.

그런데 이 추모비의 주인공 8240 유격군 타이거여단에 대해 사람들에 잘 알려지지 않은 사실이 숨어있다. 최근 강화 및 교동도 일대에서 벌어진 민간인 학살은 바로 이 타이거여단이 저지른 것으로 밝혀졌다. 타이거여단이 저지른 반(反) 인권적이고 잔인한 범죄가 세상에 드러난 지는 그리 오래되지 않았다. 오래 전부터 전쟁 당시 살아남은 유족들에 의해 타이거여단이 범죄의 주모자 중 하나로 계속 지목받아왔으나 정확한 실상은 밝혀지지 못하고 있었다.

그러나 2000년대 후반 現 행정안전부 산하 과거사업무관련지원단(舊 진실·화해를 위한 과거사 정리 위원회)의 조사 결과 민간인 학살에 타이거여단이 관여했음이 밝혀졌고, 유족들에 대한 국가의 사과를 권고하였다. 이는 국가 기관이 공식적으로 민간인 학살의 주모자 중 하나가 타이거여단이었음을 인정한 것이다.

그리고 이 타이거여단의 충혼전적비가 세워진 땅, 근처의 고구저수지를 포함한 고구리 일대는 아이러니하게도 전쟁 당시 자행된 민

▲ 충혼전적비 입구

▲ 충혼전적비의 모습

간인 학살의 현장 중 하나이기도 하다.[21] 글을 쓰기 위해 많은 자료들을 읽어보면서 교동지역에서 벌어진 학살, 그리고 학살의 가해자로 추정되는 존재에 대해서도 알게 되었다. 학살의 희생자가 죽어간 장소에 우뚝 세워진 위령탑의 존재는 전쟁의 비극을 잘 설명하고 있는 게 아닐까.

제 8240부대 소속 을지타이거여단

한국전쟁 발발 당시 북한군은 바다 건너 가까이에 있던 강화도 일대를 침공했고, 순식간에 점령시켰다. 강화 및 부속도서 일대에는 적군에 맞서기 위해 우익이 조직한 유격대들이 생겼다. 지역 방위를 위해 학생, 청년들이 참전한 많은 유격대들은 무기도 충분하지 않은 열악한 환경에서 북한군을 상대로 싸웠다. 교동도를 포함한 강화지역에는 대한정의단, 민주청년반공돌격대, 일민주의 청년단, 대한지하결사대, 강화군치안대, 강화향토방위특공대와 소년단이 활동했다고 알려져 있다.[22] 이렇게 지역 방위를 위해 활동하던 소규모 유격부대들이 한데 뭉쳐 탄생한 부대가 타이거여단이었다.

한국전쟁 당시 을지타이거여단은 큰 역할을 담당했다고 한다.[23] 정식 산하부대가 되기 전 '을지타이거여단 유격군'은 공비 소탕과 지역 치안을 맡아 정식으로 육군 '을지 제2병단'에 소속되었다가, 미 극동사령부 제8240 KLO부대(이하 켈로부대)에 소속되었다. 인천상륙작전

▲ '멸공'이 새겨져 있는 호랑이 조각

당시 연합국 함대의 인천항 진입을 도운 '팔미도등대 점등작전'도 이 부대가 수행했다고 한다. 1·4후퇴 당시 38도선 접경지대를 중심으로 북한에서 넘어온 치안대, 청년, 학도호국단들이 합류하게 되면서 규모가 커졌고, 켈로부대에 소속된 이후 '타이거여단'으로 재편성되어 서해 도서 일대에서 해상 방어작전을 전개했다. 약 3,800여명의 타이거여단 전몰영령은 현재 대전 현충원에 모셔져 있지만, 추모비는 다른 곳에 세워졌는데 고구리 충혼전적비가 바로 이들을 위해 세워진 추모비이다.

상륙작전에서 혁혁한 공을 세웠던 타이거여단은 이후 강화도에 주한극동군사령부 제8240부대 소속 울프팩(Wolfpack) 기지가 창설되자 울프팩 제 2연대로 들어갔다. 타이거 여단의 주력은 연백지방의 학도의용대, 청년방위군, 연백치안대, 연안치안대, 우익단체대, 구국 결사대, 소년대, 천태치안대 등이다. 이들이 1951년 3월 27일 육군 을 지 제2병단으로 편성되었다가 같은 해 7월 26일 제8240부대로 편성 된 후 개편되어 오늘날 알려진 타이거여단이 되었다.[24]

켈로부대는 뒤늦게나마 유엔군에 편성되어 움직이긴 했지만 엄밀 히 말하면 비정규군으로 분류된다. 지역을 지키기 위해 스스로 결성 한 소규모 '의병'들을 기반으로 만들어졌기 때문이다. 전쟁 당시 굵 직한 활약을 펼쳤다고 하는 을지타이거 유격대, 혹은 동키부대라 불 렸던 켈로부대 산하의 을지타이거여단 역시 비정규군대들이 복잡한 과정을 거쳐 통합되면서 만들어졌다. 을지타이거여단을 포함한 켈 로부대는 소규모 부대들이 광범위한 지역에서 활동하며, 비밀첩보 작전에 투입되는 일이 많았기 때문에 현재까지도 그 활약상이 명확 하게 알려지지 못한 부분이 많다.[25]

교동 지역에도 본섬 강화도를 따라 지역을 지키기 위한 치안부대 들이 조직되었다. 작은 섬이었기 때문에 강화도를 중심으로 활동하 던 부대들의 지휘를 받았던 걸로 보인다. 소년단은 스스로 지역을 방 위하기 위한 치안대가 조직되는 과정에서 마을 단위로 생겨난 소규 모 방위조직이었다. 구성원들은 대개 미성년자였기 때문에 성인들 로 구성된 특공대의 지휘를 받아 함께 활동하였다. 아래에 교동에서 소년단으로 활동한 나택환씨의 사연을 간단히 소개한다.

교동면 난정리에 살고 계셨던 나택환 할아버지는 인

천상륙작전으로 교동을 점령한 인민군, 빨갱이들이 사라지자 소년단에 합류하셨다.[26] 강화도 본토보다 특공대, 소년단 조직은 조금 늦어진 10월 경에 창설되었지만 소년단에 들어가 빨갱이들로부터 마을을 지킨다는 사명감을 갖고 치안과 방범 활동에 주력하셨다고 한다. 다만 소년단의 활동기간은 짧아 1951년 봄 정도 까지만 활동하고 이후 소년단이 해체되면서 평범한 생활로 복귀하셨다고 한다. 나택환 할아버지는 증언 말미에 소년단의 일원으로 교동을 지키는데 작은 힘이나마 보탰다는 것을 보람으로 삼고 있다고 하셨다.

참전용사들은 지역을 지키기 위해 스스로 나섰고, 자신의 고향을 지켰다는 데에 자부심을 갖고 지금까지 살아오고 있다. 증언집을 남긴 분들은 공통적으로 윗 세대들이 어떻게 나라와 국민을 지켰는지, 전쟁의 비극과 평화의 소중함을 젊은 세대들이 잊지 않기를 바란다는 말씀을 남겼다.

참전용사의 생생한 참전기가 실려 있는 『강화향토방위 6·25전쟁 증언집』에는 나라를 지키기 위해 몸을 사리지 않았던 분들의 활약이 있었다. 하지만 안타깝게도 지역 방위를 위해 조직된 유격군들은 비정규부대이기에 남겨진 기록이 많지 않아 공훈에 대한 보상이 이뤄지지 않고 있다는 주장이 있다.[27] 사실이라면 하루 빨리 합당한 보상이 이뤄져야 한다고 생각한다.

전쟁의 또 다른 이면

　　　2017년 9월 25일 오전 11시, 제 18회 강화지역 민간인 집단 학살 희생자 합동 추모제가 열렸다. 추모제는 희생자들을 위한 추모공원이 조성되어 있는 강화군 길상면 온수리 일대에서 봉행되었다.[28] 이 추모제에는 강화 지역의 유족들 외에도 전쟁 당시 민간인 학살이 자행된 지역들의 유족 대표, 시민단체 관계자 등 다양한 사람들이 참여했다. 매 해 강화도에서는 한국전쟁 당시 강화도 일대에서 벌어진 민간인 집단 학살에 의해 희생된 사람들을 위해 위령제를 지낸다. 추모제에서 유족들은 한 목소리로 당시 사건에 대한 진상규명과 명예회복, 배상을 정부에 요구하고 있다.

　　교동 역시 이와 관련하여 아픈 상처를 가진 지역이다. 전(前) 강화 민간인학살유족회 회장 서영선씨는 집단 학살과 관련 된 사람들 중 한 명이다. 서영선씨는 1951년 당시 13살의 어린 나이로 어머니, 1살

▲ 강화 추모제 사진(한국전쟁전후민간인희생자전국유족회 제공)

난 남동생, 77살 할머니를 잃었다.

서영선씨는 교동도 인사리에 살고 있었으며, 대룡리에 살던 반공 청년 나아무개에 의해 가족들이 인사리로 강제로 끌려가는 모습을 보고만 있어야 했다. 결국 끌려간 가족들은 인사리에서 끔찍하게 학살당했고 시신조차 제대로 수습하지 못했다고 한다. 그 후 간신히 살아남은 서영선씨 남매는 소위 '빨갱이'로 몰려 힘겨운 삶을 살았다.[29]

가족들을 잃고 살아남은 사람들은 진실화해위원회에 진상규명을 신청했다. 본인들의 가족들이 어떻게 죽었는지, 누가 죽었는지, 잡혀간 가족들은 어디로 갔는지, 왜 그들의 가족들이 희생양이 되어야 했는지 알기 위해 긴 시간을 들여 관련 인물들의 증언 등 자료를 수집해왔다. 살아남은 사람들은 자료를 근거로 황해도 특공대, 미군 첩보부대(KLO), 을지타이거여단 등을 가해자로 지목하였다. 유족들은 이들이 1951년 1·4 후퇴를 전후하여 월북자 가족이라는 이유로 교동지역 주민 200여명을 희생시킨 주범이라고 주장하고 있다.[30] 이는 하늘을 향해 세워진 엄숙한 추모비 뒤에 가려져 있는 타이거여단의 어두운 일면이다.

보고서 속의 기록들

행정안전부 소속으로 '과거사관련업무지원단'이라는 기관이 있다. 과거에 있던 여러 기구 및 위원회 들을 통합, 개편하여 정리한 기관으로 일제강점기, 한국전쟁, 민주화운동 및 민주항쟁과 관련해 제대로 조사되지 않고 묻혀버린 사건들, 행방불명된 사람들에 대한 진상을 조사하는 정부 산하의 기관이다.

현재는 없지만 2005년경 설립되어 2010년까지 활동한 '진실화해규명위원회'(이하 진실화해위원회)라는 기구가 있었다.[31] 이 기구는 항일독립운동, 반민주적 또는 반인권적 행위에 의한 인권유린과 폭력·학살·의문사 사건 등을 조사하여 왜곡되거나 은폐된 진실을 밝혀냄으로써 민족의 정통성을 확립하고 과거와의 화해를 통하여 미래로 나아가기 위한 국민통합에 기여할 목적으로 설립되었다고 한다.

당시 진실화해위원회는 한국전쟁과 관련해 교동을 포함한 강화지역에서 발생한 민간인 학살사건에 대한 유족들의 조사 청구를 받아들였고, 그 결과를 2008-2009년에 걸쳐 보고서에 정리했다. 첫 번째는 2008년 상반기 조사 보고서 - 강화(강화도·석모도·주문도) 지역 민간인 학살 사건, 두 번째는 2008년 하반기 조사 보고서 - 강화지역 적대세력 사건, 마지막 세 번째는 강화(교동도)지역 민간인 희생사건으로 총 3권의 보고서에 정리하여 수록하였다.[32]

3권의 보고서들은 한국전쟁 당시 학살당한 사람들의 현황을 정리하면서 이들이 왜 죽었는지를 분석했다. 그리고 보고서는 공통적으로 사망한 사람들의 대다수가 적대 세력의 부역행위에 가담했다는 이유로 희생당했음을 원인으로 지적하고 있다.

민간인 학살은 크게 두 시기를 전후해 이루어졌는데 하나는 한국전쟁 발발 후 7~10월 간 북한군 주둔 및 후퇴 당시의 학살, 1951년 1·4

후퇴를 전후해 '강화향토방위특공대'에 의해 자행된 학살, 1·4 후퇴 이후 교동 주둔 유엔군 유격대(UN Partisan Forces)에 의한 학살로 나뉜다. 정리하면 강화 지역의 민간인 학살은 전쟁 당시 북한군(적대세력)에게 점령당했을 때, 북한군이 물러난 후 1·4 후퇴를 전후하여 우익이 다시 되찾았을 때로 나뉜다. 교동도를 점령했던 세력들이 좌익(북한군), 우익(국군)으로 바뀔 때 마다 상대 세력에 협조했던 민간인들은 부역자로 몰려 살해당했다.

보고서 내용 중 교동 고구리에서 벌어진 사건(고구리 사건)의 예를 소개해 본다.[33]

> 1951년 1월 중순경부터 교동면 고구리 주민 전종복(1925년생) 등 최소 19명이 대룡리 소재 특공대 사무실로 연행되어 고문을 당하거나, 특공대에게 고구리 낙두포구 등지로 끌려가 살해되었다.…(중략) 읍내리 김석홍의 집에도 마을 주민들이 구금되어 있었는데 그곳에서 가혹한 고문이 있었다. 고구리에는 자체 치안대가 있었는데 치안대장 한○○는 특공대의 지시에 따라 5개 부락에서 14살~18살의 소년들 50~60명을 차출하여 소년단을 조직하는데 앞장섰으며, 특공대에게 부역혐의자 집안을 알려주었다. 소년단원들 역시 특공대의 지시 하에 목총과 쇠꼬챙이를 소지하고 경비를 서거나 심부름을 해주었는데, 소년단 내에는 '특공대가 마을 주민을 살

해했다.'는 소문이 파다하게 돌았다....(중략) 1951년 1월 중순 전종범과 전종복은 특공대 사무실로 연행되어 1주일 동안 감금되어 있었는데, 1951년 1월 21경 전종복의 부인이 밥을 넣어주기 위해 특공대 사무실로 갔지만 밥을 받지 않아 남편의 사망사실을 알게 되었다. 가족들은 그들의 시신을 대룡리 방골에서 수습하였다. (이하 생략)

보고서에 수록된 사건들은 증언을 바탕으로 정리된 것이다. 여기엔 희생자 가족들의 목격증언 외에도 아는 지인으로부터 들은 이야기, 그리고 잡혀온 교동 주민들을 감시하던 소년단원 출신 등 피해자 측과 가해자 측의 증언이 모두 포함된 내용이다. 가해자 측의 증언 중 하나는 당시 벌어졌던 참상에 참여했던 죄책감에서 나온 고백이었다. 가해자 측의 입장에서는 과거의 범죄, 그리고 자신이 저질렀던 죄를 스스로 드러내는 일이기에 많은 용기와 각오가 필요했을 것이다.

2014년 7월 경 교동도의 학살 현장을 답사한 최태육 목사는 다음의 말을 남겼다.[34] 그는 지난 2006년 강화 지역 민간인 희생사건과 관련해 진실화해위원회에 진상규명을 신청했던 사람 중 한 명이다.[35]

"트루먼이 만든 냉전이념이 강화도 벽촌 고구리까지 작동한 것이죠. 멸공이라는 냉전이념은 유아와 아이들

까지도 학살한 것입니다. 민간인학살은 감정의 문제가
아니라 냉전이념이 만든 끔찍한 범죄행위입니다. 그러
나 이러한 행위는 오늘날까지도 '종북'이라는 이름으로
반복되고 있습니다."

교동에서 학살당했던 사람들 중에는 '최고유'라는 9살짜리 어린이
가 있었다.[36] 이 아이를 잡아 조사, 분류하여 죄목을 부여하고 처형하
였는데 이 과정을 어른들과 똑같이 적용했다. 이렇게 희생된 어린 아
이들 중에는 1살짜리 갓난아기도 있었다.

지금 시각에서 보면 어린 아이들이 무슨 죄를 지었길래 비극적인
죽음을 맞이해야 했는지 이해하기 어렵다. 보고서의 인권 침해 부분
에서 지적한 대로 어린 아이들은 전쟁 상황에서 가장 보호받아야 하
는 약자들이다. 그러나 이 아이들은 보호받지 못했고 어른들과 함께
처형됐다. 부역혐의로 몰려 처형된 212명 중 10세 미만의 어린이, 유
아는 33명에 달하며 시신조차 제대로 수습되지 못했다.

2009년 상반기 보고서에 수록된 강화(교동도) 지역 민간인 희생사
건의 통계를 살펴보면 희생된 183명 중 136명이 아동·노인·여성이
며, 여성은 90명(49%), 15세 이하 아동은 61명(33.3%), 51세 노인은 27명
(14.8%)이다. 전시에 가장 보호받아야 할 아동, 노인 여성이 희생된 비
율이 전체의 70%를 넘게 차지하고 있다. 이 통계 기록은 당시 자행
되었던 부역자에 대한 처형이 정상적인 처벌과는 거리가 멀다는 사
실을 증명하고 있다. 여성, 노인을 제외하더라도 15세 이하 어린아이

만을 기준으로 볼 때 어린아이들을 적으로 간주하여 부역 혐의를 씌우고 살해한 건 누가 봐도 무리이기 때문이다. 도저히 이해할 수 없고 말로 설명하기 힘든 행위들이 전쟁이라는 상황 아래 벌어지고 있었다.

끝나지 않은 아픔

　　　　2011년 7월 서울중앙지법은 서영선씨 등 한국전쟁 당시 우익단체에 의해 학살된 피해자 자녀 등 유족 10명이 국가를 상대로 낸 손해배상 청구소송에서 서씨 등 9명에게 "국가는 피해자 및 유족들에게 5억 3000만 원을 배상하라."고 원고 일부 승소 판결을 내렸다. 재판부는 피해자에게 8000만 원, 피해자 배우자에게 4000만 원, 자녀에게 800만 원씩 지급하라고 선고했다.[37]

전쟁 당시 전사한 타이거부대의 부대원들이 잠들어있는 공동묘지인 교동 고구리 충혼전적비 일대는 6월 6일 현충일이 되면, 강화와 교동 일대를 지키다 죽어간, 나라를 위해 싸우다 전사한 사람들의 후손들이 들러 제사를 지내고 있다.

이미 사망해 묘역에 안장된 이들은 그 때의 진실을 알고 있을지도 모른다. 그러나 현재 남아있는 사람들, 특히 학살당한 희생자들의 유족이 "그때 대체 왜 그랬어요?" 라고 질문을 던져도 그 대답을 들을 수는 없다. 죽은 사람들은 대답할 수 없을 뿐더러, 살아남아 있는 사람들도 대답을 회피하고 외면하고 있기 때문이다.

이런 점에서 민간인 학살에 대한 진실규명작업엔 한계가 있으며 신중한 접근이 요구되고 있다.[38] 첫 번째로, 가해자가 좌익과 우익으로 나뉘었기 때문에 상대방에게 보복하는 과정에서 부역자와 가족들이 체포되거나 희생되었다. 두 번째로 가해자 측이다. 이미 세상을 떠난 사람들도 있지만 살아있는 사람들도 있으며, 그 지역의 유지로써 살아가고 있기 때문이다. 이들은 참전용사이기에 당시 나라를 지켰다는 전공에 대한 포상을 받기도 했으며, 현재까지도 친목을 다지고 있기 때문에 이들의 양심적인 고백이 없으면 그 실체를 규명하기 어려운 게 사실이다. 강화향토방위특공대 참전용사들은 진실화해위원회에 의해 강화 양민학살사건의 가해자로 지목되자, 고향을 지키기 위해 싸웠던 특공대가 객관적인 근거나 증거도 없이 살인집단으로 매도되고 있다며 진실규명을 촉구하고 있다.[39]

교동이라는 작은 섬 안에서 한국전쟁이라는 같은 기억을 공유하지만 서로 다른 상황에 놓인 사람들이 서로 다른 이유로 세상을 떠난 사람들을 위한 추모 제사를 드린다. 또한 이는 지금도 앞으로도 계속 반복될 일이고 언제 끝을 맺을지 알 수 없다.

3. 분단의 현장과 실향민의 삶

　　현재 교동에는 원주민 말고도 북한 지역에서 내려와 그대로 정착한 사람들이 많다. 이 사람들이 모여서 둥지를 튼 곳 중 하나가 대룡시장이라고 알려져 있다. 당시 피난 온 사람들은 교동에 머무르면서 '전쟁이 끝나면 돌아갈 수 있겠지–'라는 막연한 생각을 하고 있었지만 그들의 소망은 이루어지지 못했다. 전쟁을 피해 피난 온 사람들은 다시 고향으로 돌아가지 못했고 교동을 포함해 강화, 인천 등지로 뿔뿔이 흩어져 자리 잡았다. 이들은 실향민이 되어 통일전망대 등지에서 고향 땅을 바라보며 그리움을 달래고 있다.

　연백에서 피난 와 교동에 정착한 최봉열 할아버지가 위의 경우에 해당한다.[40] 전쟁이 터지자마자 연백 주민 대다수는 교동과 강화 일대로 내려왔고, 피난 온 주민들의 숫자는 3만 명에 달했다고 한다.

　교동으로 내려오는 배에는 연백 사람들로 꽉꽉 채워져 있었다. 최봉열 할아버지는 그 때만 해도 잠시만 지나면 다시 돌아갈 수 있다고 생각했다고 한다. 당장의 전쟁을 피해 내려온 사람들은 먼 훗날 교동 앞바다에 휴전선이 쳐지고, 그 휴전선이 2017년까지도 사라지지 않을 거라는 사실은 몰랐을 것이다.

가족 모두와 함께 고향을 떠나온 실향민들은 남쪽 땅에서 새로운 삶을 만들어나갔다. 그러나 홀로, 아니면 일부 가족들하고만 떠나와 북녘 땅에 가족이 남아있는 사람들도 많았다. 이산가족(離散家族)이 되어버린 그들은 고향과 가까운 교동에 정착해 철책과 휴전선이 없어져 고향 땅에 갈 수 있는 날을 손꼽아 기다렸지만 그 날은 오지 않았다. 약 60년의 세월이 지나 실향민들은 소망을 접고 타 지역으로 떠나버렸고, 하나둘씩 세상을 떠났다.

최봉열 할아버지는 기사의 말미에 이런 이야기를 하셨다. 요즘에는 같은 실향민들을 만나면 최대한 북쪽 가까운 곳에 묻어달라거나, 유골을 북쪽 바다에 뿌려달라는 이야기를 많이 하신다고 했다. 대부분 70~80대의 고령인지라 삶이 얼마 남지 않은 실향민들은 살아생전에 고향 땅을 밟을 수 없다는 걸 깨닫고 죽어서라도 고향땅으로 가고 싶은 마음에 그런 말들을 한다면서 안타까워하셨다.

2015년 경 교동지역에 조성된 '황해도 연백마을'은 실향민들을 위한 전원마을이다.[41] 연백마을은 교동면 봉서리 종머루 봉황산 언덕에 생겼는데 이 곳에서는 바다 건너 연백군을 잘 볼 수 있다. 이 마을의 촌장 이제균씨는 연백 등지에서 피난 온 황해도 출신 실향민들이 고향을 그리며 남은 삶을 평화롭게 보낼 수 있는 생활공간으로 만들고 싶다고 말했다. 이제균씨의 어머니는 연안 이씨이다.

교동으로 피난 온 실향민들의 대다수는 황해도 연백 지방 출신이었다. 연백 지방 사람들은 어둠을 틈타 불당포에서 목선을 타 교동

서한리, 인사리, 죽산포 등지로 향하는 바닷길을 따라 내려와 교동 땅에 발을 딛었다.[42]

대룡시장 일대를 둘러보며

대룡시장은 앞서 소개한 대로 북한 출신의 피난민들이 둥지를 튼 곳 중 하나이다. 주로 연백에서 교동으로 잠시 피난왔던 주민들이 한강 하구에 분단선이 그어지면서 고향에 다시 돌아갈 수 없게 되자 생계를 유지하기 위해 고향에 있는 연백시장의 모습을 재현해 만든 골목시장이다.[43]

교동의 중심지가 읍내리에서 대룡리로 옮겨지면서 시장은 자연스럽게 교동도 경제의 중심지가 되었다. 그러나 시장을 조성했던 실향민 어르신들이 하나 둘 씩 세상을 떠나시고 인구가 줄어들면서 시장의 규모는 상당히 작아졌다.

그러나 한 예능 프로그램을 통해 시장이 소개되고, 2014년 7월 교동대교가 개통되면서 관광객들이 찾아오는 필수 코스가 되었다. 1950~60년대에 시간이 멈춰버린 듯한 풍경을 보거나 사진으로 남기고 싶어하기 때문이다.

대룡시장은 오래된 건물들이 많다. 새마을운동 당시 나라에서 지원받은 건축 자재들로 지은 집, 가게들이 수십 년 간 큰 변화 없이 남아있기 때문이다. 가게 곳곳에는 제비집이 있었는데 둥지 너머로 고

▲ 대룡시장 거리

▲ 언제 생겼을지 궁금해지는 치킨집

개를 내미는 제비들의 모습이 귀엽기도 하고 반갑기도 했다.

　시장 곳곳에는 옛 향수를 불러일으킬만한 물건들도 많았다. 오래된 건물의 벽들엔 옛 풍경을 재현하려 했는지 산아제한 문구를 붙여놓거나, 역대 대통령 선거에 출마해 당선된 후보들의 포스터가 일렬로 붙어있었다. 미용실이라는 걸 알려주는 팽팽 돌아가는 싸인볼, 현재 맞춤법이나 표현과 맞지 않는 유치해 보이는 간판까지. '대체 이 가게들은 언제 만든걸까?' 라는 생각이 들 만큼 지금은 찾기 어려운 모습들이 그대로 남아있었다.

　지역 시장을 되살린다는 '전통시장 현대화' 정책으로 주차장 확보, 도로 정비, 간판 통일화 등 시장의 내외적 환경이 개선되는 상황에서 대룡시장만 동떨어져 있는 느낌이다. 그러나 교동이 워낙 외지의 섬이고, 주민도 많지 않아 대룡시장을 찾는 사람이 적으니 굳이 전통시장 현대화 정책을 실시할 이유는 없다. 결과적으로 큰 변화 없이 그

▲ 제비 둥지, 이때까지는 제비가 남아있었다.

때의 모습 그대로를 유지하게 되었으니 관광객들이 시장을 둘러보며 좋아하는게 아닐까?

대룡시장에서 조금만 더 걸어가면 교동초등학교가 있다. 1906년 설립되어 100년이 넘는 역사를 자랑하는 교동초등학교에는 개교 100주년 기념비가 세워져 있었다.

학교 운동장 근처에는 이승복 어린이 동상이 떡 하니 자리를 차지하고 있었다. 이승복 어린이의 일화는 듣기만 했었고, 동상을 보는 건 처음이었다. 이승복 어린이의 일화, 동상은 반공교육에서 빠지지 않는 소재였다고 한다. 현재는 거의 사라져버린 이승복 어린이의 흔적은 가슴 아팠던 과거를 보여주는 씁쓸한 증거가 아닐까 한다.

망향대, 고향을 떠나온 사람들의 이야기

대룡시장이 실향민들의 새로운 삶의 터전이라면 망향대는 떠나온 고향을 그리워하는 장소다. 망향대는 지석리 산 70번지에 세워졌다. 실향민들은 망향대에 올라와 금방이면 건너갈 듯 한 고향 땅을 바라보며 제사를 드린다. 이러한 망향대는 교동 이외에도 연평도 등 북한 땅을 가까이 볼 수 있는 지역에 세워져있다.

북한 땅을 바라볼 수 있는 곳은 평화전망대도 있지만 망향대는 평화전망대와 성격이 다르다. 평화전망대는 한국전쟁의 실상, 현재의 남·북한의 상황을 소개하고 통일 후의 비전을 소개한다. 평화전망대

▲ 이승복 어린이 동상

▲ 교동의 망향대

가 현재와 미래를 살아갈 사람들에게 전쟁의 참상을 알리면서 교훈을 주는 공간이라면, 망향대는 과거에 떠나온 고향을 그리워하고 슬픔을 달래는, 이제는 채 100명도 남지 않았을 것으로 추정되는 교동도의 실향민을 위한 순수한 공간이다.

평화전망대 망원경 너머로 세세하게 보이는 북한 마을 풍경은 어느 시골동네와 다르지 않았지만 황량했다. 나무를 얼마나 많이 베어내는지 벌겋게 흙이 드러난 민둥산만 보였고, 동네 사람들이 개를 끌고 걸어가는 모습도 보였지만 대부분 마르고 왜소해보였다.

망향대에서 평화전망대처럼 망원경을 이리 저리 움직여보았다. 그러나 날씨가 좋지 않아 평화전망대 망원경처럼 잘 보이지 않았다. 망향대의 바로 앞 바다에는 뻘이 가득 차 있었는데 뻘들 때문인지 교동과 연백이 하나로 연결된 듯이 보였다. 육안으로 보이는 북녘 땅은 정말 가까워서 뻘을 메우면 사람들이 충분히 걸어다닐 수 있어보였다.

교동에 정착한 실향민들은 전쟁 당시 교동으로 내려올 때 어둠을 틈타 작은 나무배에 올라탔다. 많은 사람이 전쟁을 피해 내려오다 보니 배가 꽉 찰 때가 많아 배가 움직이지 않을 때도 있었다. 도망가는 사람들을 찾기 위해 불빛을 비추며 감시하였기에 깜빡거리는 불빛을 최대한 피해 조심스럽게 내려올 수 없었다. 그나마 작은 나무배로 이동이 가능했던 이유는 그만큼 연백과 교동이 가까웠기 때문이다. 『격강천리라더니』에 실린 김영애씨의 사연을 아래에 소개한다.[44]

> 김영애씨의 부모님은 공산당과 인민군의 괴롭힘에 시달리다 교동으로 내려온 실향민이다. 피난을 미루던 김영애씨의 어머니는 상황에 떠밀려 1·4 후퇴 당시 한 겨울에 교동으로 내려왔는데, 교동으로 떠나는 피난민들에게 위협이 되는 존재는 그들의 가족들이었다. 더 정확히 말하면 어린 아기들로, 아기의 울음소리가 들리면 인민군들이 총격을 가했기에 아기들을 물속에 던져버리거나 입을 막곤 했다고 한다.[45] 운이 나쁘면 그 아기들이 숨이 막혀 죽는 경우도 있었다. 피난 당시 김영애씨의 어머니의 등에 업혀있던 4살짜리 딸이 추위와 배고픔 때문에 울음을 터트리자 함께 동행하던 사람들이 불안해했

지만, 그들이 탄 나룻배는 무사히 교동도 인사리 포구에 도착했다.

　김영애씨의 아버지는 고향을 잃은 상실감, 사업 실패로 인한 심한 스트레스로 술에 의지하는 날이 많았고 결국 잦은 음주로 인해 세상을 떠나고 말았다. 그러나 김영애씨를 포함한 남은 가족들은 강화도에 새로운 삶의 터전을 꾸리고 꿋꿋하게 살아나갔다. 책을 발행하던 당시, 김영애씨는 남북화해와 교류협력에 대한 일을 담당하고 있었다.

　교동에 남은 실향민들은 자식들을 육지로 이주시키고 정작 본인들은 교동에 남았다. 그 이유는 당연히 고향이 잘 보이는 곳이기 때문이다.

　2017년 9월 29일 필자는 강화역사문화센터에서 진행하는 사업의 일환으로 인천의 대안학교 중 하나인 푸른꿈학교 교사, 학생들과 함께 교동을 다시 찾았다. 학생들은 시장에서 군것질을 하고, 시장 풍경이 신기했는지 가게나 골목 여기저기를 구경하기에 바빴다. 다시 왔을 땐 제비들은 이미 떠나고 텅 빈 제비집만이 있었다. 여름엔 제비가 있었지만 지금은 날씨가 추워져서 이미 떠나버리고 없다고 얘기해줬더니 학생들이 신기해하면서도 아쉬워했다. 제비집을 찾고 꽈배기를 먹는 학생들에게 한국전쟁은 머나먼 일이고, 대룡시장에 남아있는 실향민의 사연 역시 타인의 이야기일 뿐이다.

　관광 안내 팜플렛에는 교동도를 '평화의 섬'이라고 소개한다. 대룡

▲ 화개산 정상에서 바라본 교동의 들판

시장 근처에 있는 관광안내소인 교동 제비집 안에는 관광객들을 위한 체험 코너가 마련되어 있다. 코너 중에 '평화의 다리 만들기' 라는 게 있는데, 관광객이 사진을 찍으면 사진으로 블록을 만들어 평화의 다리 연결에 사용된다. 답사를 왔던 학생들은 본인의 얼굴 사진이 다리 연결에 사용되는 모습을 영상으로 보면서 재밌어했다.

2000년대 초 까지만 해도 민간단체 주도로 '한강 하구 평화의 배 띄우기'라는 행사를 했었다. 현재 김포쪽으로 향하는 한강 하류는 철책선 때문에 민간인이 접근할 수 없다. 평화의 배는 강화의 외포리에서 출발해 교동도를 지나 한강 하구 어로한계선까지 접근했다가 다시 외포리로 돌아왔다.[46] 실향민들은 이 뱃길에 주목한다. 육지로 북한에 가는 것 보다 해로로 접근하는게 더 빠르기 때문이다.

실제로 교동은 북한과 매우 가까운 지역이어서 언젠가 연백과 다리로 연결되는 날이 오면 강화, 교동을 거쳐 개성특급시로 가는 빠른 길 중 하나가 될 수 있다고 한다. 그러나 남-북 간 대립이 심해진 지금 교동에 북한으로 가는 다리가 놓일 날은 멀기만 하다. 다리가 놓인다고 해도 그때쯤엔 대부분의 실향민들은 이 세상에 안계시지 않을까.

현재의 교동 지역 주민들은 크게 셋으로 구분할 수 있지 않을까 싶다. 전쟁에 참여해서 나라를 지켰다는 자긍심으로 살아가시는 참전용사들, 누구인지 정확히 알 수 없는 사람들이 저지른 짓으로 가족들을 잃어버린 사람들, 고향을 떠나와 교동에 정착해 교동도의 새로운 주민이 된 실향민들. 이 분들이 하나 둘 세상을 떠나시면서 교동도의 인구는 줄어들고 있다. 그리고 이 사람들은 저 마다의 소원들을 품고 있다. 참전용사 어르신은 다시는 이 땅에 전쟁이 일어나지 않았으면, 그리고 젊은 사람들이 과거를 기억해주기를 바란다. 가족들을 잃어버린 사람들은 자신의 가족들을 살해한 사람들이 누구인지 밝히고, 왜 그랬는지, 그리고 그들의 사과를 바라고 있다. 실향민들은 언젠가 고향땅에 다시 가보기를, 그게 불가능 하다면 교동에서 여생을 마치길 원하고 있다.

한국전쟁은 이처럼 많은 사람들에게 상처를 주었고, 극복하기 힘든 흔적을 남겼다. 우익이니 좌익이니 하는 이념 때문에 서로를 공격했고 그 과정에서 많은 사람들이 죽었지만 그 누구도 이를 책임져주지 않았다. 교동에 남아있는 참전용사, 전쟁유족, 민간인 학살의 희생자, 실향민들은 살아있는 증거이다. 특히 교동 땅 이곳 저곳에서 벌어진 학살은 더욱 뼈아프게 다가온다. 그들에게 있어서 교동은 태어나고 살아왔던 땅이기 때문이다.

지난 가을 화개산 정상에 올라갔을 때, 광활하게 펼쳐지진 논의 풍경이 눈 앞에 들어왔다. 곧 수확을 앞두고 있어서 누렇게 물든 땅이 인상적이었다. '저 많은 벼들을 수확하면 쌀이 얼마나 나올까? 정말 평화로운 풍경이구나…'라고 생각했다. 그렇기에 교동 지역에서 전쟁으로 인해 벌어졌던 비극, 그리고 남은 자들의 슬픔이 더 안타깝게 느껴지는게 아닐까. 현장의 기억을 뒤로한 채 매년 벼는 익어가고 교동 땅을 풍요롭게 만들고 있다.

참고문헌

김귀옥, 「건국과 전쟁에 의한 지역 공간의 지정학적 변화-해방 전후~1950년대 인천시 강화군 교동의 사례」, 『정신문화연구』31, 2008.

김귀옥, 「지역의 경험과 지역의 한국전쟁 경험과 지역사회의 변화 - 강화도 교동 섬 주민의 한국전쟁 기억을 중심으로」, 『경제와 사회』71, 2006.

김귀옥, 「한국전쟁기 강화도에서의 대량학살사건과 트라우마」, 『제노사이드연 구』3, 2008.

정경환, 「6·25참전 비정규군 공로자보상의 당위성과 그 의의」, 『통일전략』13, 2013.

참고도서

강화군재향군인회, 『강화 향토방위 6·25 전쟁 증언집-강화도를 지켜낸 여린 꽃 들의 항전』, 2016.

강화군 군사편찬위원회, 『신편 강화사 상(上) - 역사와 전통(증보판)』, 2015.

강화군 군사편찬위원회, 『신편 강화사 하(上) - 강화의 현재(증보판)』, 2015.

강화군, 『2016 군정백서』, 2016.

교동향교·인하대한국학연구소, 『교동향교지』, 2012.

국방부 군사편찬연구소, 『한국전쟁과 유격전사』, 2003.

김기진, 『끝나지 않는 전쟁, 국민보도연맹 : 부산, 경남지역』, 역사비평사, 2002.

민주평화통일자문회의 인천 강화군협의회, 『격강천리라더니(실향민 구술 증언자 료)』, 2008.

인천광역시의회, 『의회저널』110, 2007.

진실화해위원회, 『2008년 상반기 조사보고서 - 강화(강화도·석모도·주문도) 지역 민간인 학살 사건』, 2008.

진실화해위원회, 『2008년 하반기 조사보고서 - 강화지역 적대세력 사건』, 2008.

진실화해위원회, 『2009년 상반기 조사보고서 - 강화(교동도)지역 민간인 희생사건』, 2009.

신문기사 및 기타 자료

최태육 목사 인터뷰 http://www.incheonilbo.com/?mod=news&act=articleView&idxno=528050

교동도 관광안내지도 팸플릿

행정안전부 과거사관련업무지원단 http://pasthistory.go.kr/

(사)한국전쟁후민간인희생자전국유족회 http://www.coreawar.or.kr

(사)비폭력평화물결 http://peacewave.net/

국가보훈처 http://www.mpva.go.kr/main.asp

서영선씨 인터뷰 http://www.ohmynews.com/NWS_Web/View/at_pg.aspx?CNTN_CD=A0002194066

황해도 연백마을 관련 소개 http://www.bbggnews.com/news/10352

강화향토특공대의 반박기사 http://www.kyeongin.com/main/view.php?key=529627

경인일보 실향민 이야기 시리즈 꿈엔들 잊힐리야 http://www.kyeongin.com/main/view.php?key=978338

남북간의 평화 공존은 교동의 미래를 위해서도 중요하다.
교동의 해안 곳곳에는 철책선이 설치되어 있다.
교동의 바다는 대부분 선박의 통행이 금지되어 있다.
교동은 섬이지만 한반도의 분단과 대립으로 바다가 막힌 섬이 되어버렸다.
섬은 바다를 통해 에너지와 생명을 얻을 수 있다. 교동의 바다가 열린 바다가 되어야 교동은 열린 섬이 되고,
더 나은 미래를 기대할 수 있을 것이다.

맺음말

교동, 평화의 섬을
꿈꾸다

교동, 평화의 섬을 꿈꾸다

인천문화재단 인천역사문화센터에서 '역사의 길 총서'를 만들기로 하고 처음으로 택한 주제가 바로 교동이었다. 교동이 가진 역사적 위상이 나름 중요하다고 생각했기 때문이었다. 그동안 교동의 역사나 문화 전반은 기존의 연구에서 어느 정도 다루어졌기 때문에 역사 속에서 좀 더 구체적인 주제를 택하고자 했다. 그래서 교동의 역사 중에서도 어떤 것을 주제로 택할까 고민했고 결국 교동이 가진 여러 역사적 배경 중에서 우리가 주제로 택한 것은 교동의 긴장, 대립, 전란의 역사였다. 역사적으로 교동은 그 위치 상 서해지역의 국방사, 전쟁사에서 빼놓을 수 없는 곳이기 때문이다. 삼국시대 한강 하구의 패권 다툼이 벌어지던 곳이고, 고려시대에는 왜구의 침공을 겪어야 했다. 또한 조선시대에는 수도 한성을 지키기 위한 해상 요충의 역할을 수행하기도 했다.

물론 총서의 첫 간행에서 너무 어둡고 무거운 방향으로 주제를 잡는 것은 아닌가 고민하기도 했다. 교동이라는 섬의 이미지에 좋지 않은 영향을 주지는 않을까 걱정도 했다. 그러나 군사적 요충지이자 긴장의 공간으로서 교동의 모습은 먼 과거의 역사에만 존재하는 것이 아니었다. 지금도 교동은 북한과의 해상 접경지로서, 남북 북단의 현실을 확실히 체감할 수 있는 공간이다. 우리는 교동의 전란과 관방을 주제로 잡는다면 독자들에게 역사의 현재성을 느끼게 해 줄 수 있을 것이라 생각하였다.

왜구의 침공과 약탈, 조선시대 서해 방어의 요충, 삼도수군통어영의 설치, 한국전 와중의 주민 학살, 현재의 남북분단에서의 군사적 대립 등 교동의 역사를 돌이켜 보니, 교동이 그간 겪었고 또 현재 겪고 있는 전란과 긴장의 무게는 '탄환만한' 작은 섬이 감당하기에는 너무 무거운 것들이었다. 교동이 겪어 온 역사의 과정은 그리 간단하게 얘기할 수 있는 것이 아니었다. 그리고 이러한 교동의 역사를 바라보며 평화라는 가치에 대해 생각해 보게 되었다. 교동이 가야할 길은 바로 평화였다. 전란과 군사적 긴장, 대립이 이어져 왔던 교동이라는 섬이야말로 평화를 이야기하기에 좋은 공간이라 생각되었다.

최근 '평화의 섬 교동도 프로젝트'가 인천시, 강화군 등 관계기관의 협약을 통해 시작되었다. 매우 반가운 일이다. 특히 한반도의 정세가 요동치고 있는 요즈음 교동이 평화의 상징으로서 자리매김할 수 있는 기회가 될 수 있을 것이라 기대된다. 교동대교의 개통 이후 더 많은 사람들이 교동을 찾고 있다. 그 사람들이 교동에서 먹고 마시며 풍광을 구경하는 것도 좋다. 하지만 교동에 온 관광객, 여행객들이 단순히 여가와 오락을 뛰어 넘어 평화의 소중함을 느끼고 돌아갈 수 있다면 더욱 좋은 일이 아닐까.

다만 교동이 평화의 섬으로서 나아가는 과정에서 지나치게 지역의 개발에만 집중하거나, 콘텐츠의 충실한 확보가 이루어지지 못하면 어쩌나 하는 걱정도 든다. 지자체와 시민사회, 전문가 집단이 머리를 맞대고 논의해야 할 부분이다. 교동이 가진 역사적, 문화적, 환경적 가치를 보존하면서 교동주민의 삶의 질을 높이는 방안을 찾을 수 있기를 기대한다.

남북간의 평화 공존은 교동의 미래를 위해서도 중요하다. 교동의 해안 곳곳에는 철책선이 설치되어 있다. 교동의 바다는 대부분 선박의 통행이 금지되어 있다. 교동은 섬이지만 한반도의 분단과 대립으로 바다가 막힌 섬이 되어버렸다. 섬은 바다를 통해 에너지와 생명을 얻을 수 있다. 교동의 바다가 열린 바다가 되어야 교동은 열린 섬이 되고, 더 나은 미래를 기대할 수 있을 것이다.

다소 딱딱하고 무거운 주제를 어떻게 하면 많은 사람들이 공감하게 쓸 수 있을까 많은 고민을 했다. 시민들에게 이런 글을 내놓는 것이 괜찮을까 하는 걱정도 많았던 것이 사실이다. '역사의 길 총서'의 첫 시작으로 부족하고 미흡한 점이 많을 것이다. 많은 분들의 지적과 충고를 통해 더 나은 총서를 만들어 가도록 노력하겠다.

1장 | 교동, 치열했던 역사의 시작과 전개

01 『삼국사기』권9, 신라본기 제9, 경덕왕 16년(757) 12월, "改沙伐州爲尙州, 領州一·郡十·縣三十. 歃良州爲良州, 領州一·小京一·郡十二·縣三十四. 菁州爲康州, 領州一·郡十一·縣二十七. 漢山州爲漢州, 領州一·小京一·郡二十七·縣四十六. 首若州爲朔州, 領州一·小京一·郡十一·縣二十七. 熊川州爲熊州, 領州一·小京一·郡十三·縣二十九. 河西州爲溟州, 領州一·郡九·縣二十五. 完山州爲全州, 領州一·小京一·郡十·縣三十一. 武珍州爲武州, 領州一·郡十四·縣四十四. (良州一作梁州)".

02 유창균은 접두사로는 高, 접미사로는 山의 뜻을 가진다고 하였다(『한국 고대한자음의 연구 I』, 계명대 출판부, 1980, 280쪽). 또 凌純聲은 북방종족인 赫哲族이 씨족의 작은 단위인 屯의 長을 '嘎深達(gaʃeda)'로, 큰 단위인 城의 主는 '竹深達(tsuʃeda)'로 부른다고 보고하였다(『松花江下游的赫哲族』, 國立中央研究院歷史語言研究所, 1934, 226쪽). 이로 보아 고구려를 비롯한 일부 북방종족이 '達'을 '높다'는 뜻의 高나 長의 뜻으로 썼음을 알 수 있다.

03 인천광역시, 『인천의 지명유래』, 1998, 468~470쪽 참조.

04 인천광역시, 『인천의 지명유래』, 1998, 469~470쪽 참조.

05 1656년에 편찬한 『東國輿地志』에 '高村'과 '達乙新'이 교동의 별명으로 나오고, 김정호가 1863년에 완성한 『大東地志』에서는 '高水根'이 나온다. 조선시대 교동 관련 읍지에 기록된 명칭에 관해서는 인천광역시사편찬위원회, 『인천의 지지와 지도』하 (2015) 교동지지 참조.

06 인천광역시, 『인천의 지명유래』, 1998, 470쪽.

07 서길수, 「'고구려'와 '고려'의 소릿값(音價)에 관한 연구」『고구려발해연구』27, 고구려발해학회, 2007.

08 「朝鮮總督府官報」1911년 8월 30일.

09 「朝鮮總督府官報」1912년 10월 11일.

10 『喬桐郡邑誌』(1899), "古縣在郡北十里, 崇禎二年己巳因陞營, 移邑于南面龍井里月串鎭基址, 古縣城址尙存今古邑里也".

11 강화군 군사편찬위원회, 『신편 강화사 증보』중, 2015, 508쪽.

12 『삼국사기』권25, 백제본기 제3, 개로왕 18년(472), "…去庚辰年後, 臣西界小石山北國海中, 見屍十餘, 並得衣器鞍勒, 視之, 非高句麗之物. 後聞, 乃是王人來降臣國, 長蛇隔路, 以沈于海. 雖未委當, 深懷憤恚…".

13 『삼국사기』권18, 고구려본기 제6, 장수왕 24년(436) 5월, "燕王率龍城見戶東徙, 焚宮殿, 火一旬不滅. 合婦人被甲居中, 陽伊等勒精兵居外, 葛盧·孟光帥騎殿後. 方軌而進, 前後八十餘里. 魏主聞之, 遣散騎常侍封撥来, 令送燕王. 王遣使入魏奉表, 稱當興馮弘, 俱奉王化. 魏主以王違詔, 議擊之, 将發隴右騎卒, 劉絜·樂平王丕等諫之, 乃止.".

14 천관우, 『고조선사·삼한사연구』, 일조각, 1989, 375~385쪽 참조.

15 『삼국사기』권18, 고구려본기 제6, 광개토왕 1년(391) 10월, "攻陷百濟關彌城. 其城四面峭絕, 海水環繞, 王分軍七道, 攻擊二十日, 乃拔.".

16 『삼국사기』권18, 고구려본기 제6, 광개토왕 1년(391) 7월, "南伐百濟, 拔十城.", 『삼국사기』권25, 백제본기 제3, 진사왕 8년(392) 7월, "髙句麗王談德帥兵四萬, 來攻北鄙陷石峴等十餘城. 王聞談德能用兵, 不得出拒. 漢水北諸部落多沒焉.". 광개토왕 즉위년은 392년(『삼국사기』고구려본기)과 391년(「광개토왕릉비」)으로 1년 차이가 있는데, 고구려 사람들이 직접 새긴 「광개토왕릉비」에 따르는 것이 온당하므로, 이 사건은 391년 7월에 일어난 것으로 볼 수 있다. 따라서 『삼국사기』고구려본기와 백제본기의 연도는 1년의 차이가 있다는 점을 유의해야 한다.

17 『삼국사기』권25, 백제본기 제3, 아신왕 1년(392) 11월, "阿莘王(或云阿芳), 枕流王之元子. 初生於漢城別宮, 神光炤夜. 及壯, 志氣豪邁, 好鷹馬. 王薨時年少, 故叔父辰斯繼位, 八年薨, 即位.".

18 『삼국사기』권25, 백제본기 제3, 아신왕 2년(393) 8월, "王謂武曰, '關彌城者, 我北鄙之襟要也. 今爲髙句麗所有. 此寡人之所痛惜, 而卿之所冝用心, 而雪恥也.' 遂謀將兵一萬, 伐髙句麗南鄙. 武身先士卒, 以冒矢石, 意復石峴等五城, 先圍關彌城, 麗人嬰城固守. 武以糧道不繼, 引而歸.".

19 『삼국사기』권18, 고구려본기 제6, 광개토왕 4년(394) 8월, "王與百濟戰於浿水之上, 大敗之, 虜獲八千餘級.".

20 『삼국사기』권25, 백제본기 제3, 아신왕 2년(395) 11월, "王欲報浿水之役, 親帥兵七千人, 過漢水次於青木嶺下. 會大雪, 士卒多凍死, 迴軍至漢山城, 勞軍士".

21 「광개토왕릉비문」, "…六年丙申王躬率□軍討伐殘國…其國城殘不服義敢出百戰王威赫怒渡阿利水遣剌迫城□□侵穴□便圍城由殘主困逼獻□男女生口一千人細布千匹跪王自誓從以後永爲奴客太王恩赦先迷之愆錄其後順之誠…".

22 『삼국사기』권25, 백제본기 제3, 아신왕 6년(397) 5월, "王與倭國結好, 以太子腆支爲質.".

23 『삼국사기』권25, 백제본기 제3, 아신왕 8년(399) 8월, "王欲侵髙句麗, 大徵兵馬, 民苦於役, 多奔新羅, 戶口衰減".

24 『삼국사기』권25, 백제본기 제3, 아신왕 14년(405) 9월, "王薨".

25 윤일녕, 「관미성위치고」『북악사론』2, 북악사학회, 1990, 122쪽 그림 및 123쪽 참조.

26 윤명철, 「강화지역의 해양방어체제연구-관미성 위치와 관련하여」, 『사학연구』 58~59, 한국사학회, 1999 참조.

27 문안식, 「백제의 평양성 공격로와 마식령산맥 관방체계 구축」, 『한국고대사탐구』22, 한국고대사탐구학회, 2016, 166~167쪽 참조.

28 『세종실록』148권, 지리지, 경기, 부평도호부, 교동현, "華盖山石城【在縣南七里, 周回一千五百六十五步, 內有池一泉一.】".

29 『동국여지승람』제13권, 경기, 교동현, "【城郭】華盖山城 石築, 周三千五百三十四尺, 高十八尺, 內有一池一泉, 有軍倉…".

30 『輿圖備志』(1856), 城池, "華盖山城, 石築州三千五百三十四尺, 池一, 泉一, 英宗十三年改築爲撼禦營, 信地今廢".

31 『大東地志』(1863), 城池, "華盖山城, 周三千五百三十四尺, 池一, 泉一, 英宗朝改築, 今廢".

32 『喬桐府邑誌』(1871), 城池, "華盖山城, 古縣時, 所築, 而年久頹毁, 只存基址."

33 『喬洞郡邑誌』(1899), 城池, "華盖山城, 古縣監時所築, 辛卯十月, 知縣李汝讓毁撤外城移築縣邑, 今則只有內城基址, 城內有二大井".

34 조선시대 자의 종류와 각각의 길이에 대해서는 이종봉, 「조선전기 도량제도 연구」, 『국사관논총』95, 국사편찬위원회, 2001, 277쪽 참조.

35 강화군 군사편찬위원회, 『신편 강화사 증보』중, 2015, 508~509쪽 참조.

36 『삼국사기』권7, 신라본기 제7, 문무왕 15년(675) 9월, "唐兵與契丹·靺鞨兵, 來圍七重城, 不克, 小守儒冬死之.…唐兵又圍石峴城, 拔之, 縣令仙伯·悉毛等力戰, 死之."

37 『삼국사기』권5, 신라본기 제5, 태종무열왕 7년(660), 3월, "唐高宗命左武衛大將軍蘇定方爲神丘道行軍大摠管, 金仁問爲副大摠管, 帥左驍衛將軍劉伯英等水陸十三萬▣, ▣伐百濟. 勅王爲嵎夷道行軍摠管, 何將兵, 爲之聲援."

38 『삼국사기』권6, 신라본기 제6, 문무왕 3년(663), "百濟故将福信及浮圖道琛, 迎故王子扶餘豊立之, …詔遣右威衛將軍孫仁師, 率兵四十萬, 至德物島, 就熊津府城…".

39 『신당서』권43하, 지 제33하 지리, 入四夷之路與關戍走集, 登州海行入高麗渤海道, "登州東北海行, 過大謝島, 龜歆島, 末島, 烏湖島三百里. 北渡烏湖海, 至馬石山東之都里鎮二百里. 東傍海壖, 過青泥浦, 桃花浦, 杏花浦, 石人汪, 橐駝灣, 烏骨江八百里. 乃南傍海壖, 過烏牧島, 貝江口, 椒島, 得新羅西北之長口鎮. 又過秦王石橋, 麻田島, 古寺島, 得物島, 千里至鴨淥江唐恩浦口. 乃東南陸行, 七百里至新羅王城".

40 『삼국사기』권11, 신라본기 제11, 문성왕 6년(844) 8월, "置穴口鎮, 以阿湌啓弘爲鎮頭".

41 『고려사』「고려세계」"…於是, 乘漆船, 載七寶與豚, 泛海焂到岸, 卽昌陵窟前江岸也. 白州正朝劉相晞等聞曰, '作帝建娶西海龍女來, 實大慶也.' 率開·貞·塩·白四州, 江華·

喬桐·河陰三縣人, 爲築永安城, 營宮室.…"

42 『송사』권487, 열전 제246, 고려, "…自明州定海遇便風, 三日入洋, 又五日抵墨山, 入其境. 自墨山過島嶼, 詰曲礁石間, 舟行甚駛, 七日至禮成江. 江居兩山間, 束以石峽, 湍激而下, 所謂急水門, 最爲險惡. 又三日抵岸, 有館曰碧瀾亭, 使人由此登陸, 崎嶇山谷四十餘里, 及其國都云".

2장 | 교류와 전란의 시기

01 국사편찬위원회 한국사데이터베이스 참조. 교동현의 고구려 때 이름인 고목근현(高木根縣)의 또 다른 이름인 대운도(戴雲島)와 관련해서는 1225년(고종 12) 8월에 변방의 장수가 금나라 원수 우가하의 부하 초주마 등 여러 명을 사로잡아서 바쳤는데 초주마를 대운도에 유배 보냈다는 기록이 있다(『고려사』 세가 권22 고종 12년 8월).

02 『고려사』, 고려세계.

03 『고려사절요』권14, 희종 7년(1211) 12월;『고려사』열전 권4, 종실 신종 왕자 양양공 왕서;『고려사』열전 권42, 반역 최충헌;『고려사절요』권14, 고종 2년(1215) 8월;『고려사』세가 권22, 고종 2년(1215);『고려사절요』권15, 고종 6년(1219) 3월;『고려사』세가 권22, 고종 6년(1219);『고려사절요』권15, 고종 14년(1227) 3월;『고려사』세가 권22, 고종 14년(1227);『고려사』열전 권42, 반역 최충헌 최이.

04 『고려사절요』권17, 고종 40년(1253) 11월;『고려사』세가 권24, 고종 40년(1253) 11월.

05 『고려사』열전 권18, 제신 설공검;『고려사』지 권10, 지리1 양광도 강화현 교동현.

06 『고려사』세가 권25, 원종 즉위년(1259) 9월.

07 『고려사절요』권18, 원종 11년(1270) 5월;『고려사』열전 권43, 반역 임연.

08 『고려사』세가 권27, 원종 12년(1271) 6월;『고려사』열전 권43, 반역 조이 이추.

09 『고려사절요』권20, 충렬왕 4년(1278) 7월;『고려사』열전 권19, 제신 박항.

10 『고려사절요』권21, 충렬왕 20년(1294) 7월;『고려사』세가 권31, 충렬왕 20년(1294) 7월.

11 『고려사절요』권26, 공민왕 원년(1352) 3월;『고려사』세가 권38, 공민왕 원년(1352) 3월;『고려사』세가 권38, 공민왕 원년(1352) 3월;『고려사절요』권26, 공민왕 원년(1352) 3월;『고려사』세가 권38, 공민왕 원년(1352) 3월;『고려사』열전 권37, 폐행 최안도;『고려사』세가 권38, 공민왕 원년(1352) 8월;『고려사절요』권26, 공민왕 6년(1357) 5월;『고려사』세가 권39, 공민왕 6년(1357) 5월;『고려사절요』권26, 공민왕 6년(1357) 윤9월;『고려사』세가 권39, 공민왕 6년(1357) 윤9월;『고려사』열전 권27, 제신 이승로;『고려사절요』권27, 공민왕 7년(1358) 4월;『고려사』세가 권39, 공민왕 7년(1358) 5월;『고려사』열전 권27, 제신 나세;『고려사절요』권28, 공민왕 13년(1364);『고려사』열전 권28, 제신 변광수;『고려사』지 권35, 병1 병제 5군;『고려사』세가 권39, 공민왕 8년(1359) 1월 ;『고려사』열전 권18, 제신 조인규 부 조린 ;『고려사』세가

권39, 공민왕 9년(1360) 윤5월; 『고려사』 세가 권40, 공민왕 12년(1363) 4월; 『고려사』 세가 권41, 공민왕 14년(1365) 3월; 『고려사』 열전 권26, 제신 최영; 『고려사』 세가 권41, 공민왕 14년(1365) 4월; 『고려사절요』 권28, 공민왕 15년(1366) 5월; 『고려사』 세가 권41, 공민왕 15년(1366) 5월; 『고려사』 열전 권26, 제신 안우경; 『고려사』 세가 권44, 공민왕 22년(1373) 7월; 『고려사』 열전 권46, 신우 2년(1376) 7월; 『고려사절요』 권30, 우왕 3년(1377) 3월; 『고려사』 지 권36, 병2 둔전; 『고려사절요』 권33, 우왕 14년(1388) 9월; 『고려사』 열전 권25, 제신 조운흘.

12 『고려사』 세가 권43, 공민왕 20년(1372) 11월; 『고려사』 열전 권46, 신우 원년 12월.

13 『동사강목』 제11하 원종 12년 6월 기사에도 비슷한 내용이 있다.

14 『고려사』 세가 권1, 태조 11년(928) 8월.

15 『고려사』 세가 권1 태조 총서; 권92 열전 제신 유금필; 강화군 군사편찬위원회, 「제2편 고려시대의 강화」, 『신편 강화사』, 2003.

16 임용한, 「14~15세기 교동의 군사적 기능과 그 변화」, 『인천학연구』3, 인천대학교 인천학연구원, 2004.

17 『고려사』 세가 권2, 태조 15년(932) 9월.

18 『고려사』 세가 권9, 문종 32년(1078) 6월.

19 감무는 주로 과거급제자를 임용했다. 품계는 대략 7품 이상인 현령보다 1품 낮았다. 무인집권기에는 집권자의 측근 등이 발탁되어 여러 가지 폐단을 야기했다. 조선 태종 때 현감으로 명칭이 바뀌었다.

20 최영준, 「제2편 제2장 강화의 간척사업과 지형변화」, 『신편 강화사 중권 문화와 사상』(강화군 군사편찬위원회), 2003 ; 최영준·홍금수, 「강화 교동도의 해안저습지 개간과 수리사업」 『대한지리학회지』 제38권 제4호, 2003.

21 최영준·홍금수, 2003 논문.

22 강신엽, 「제3편 강화의 문화재 제2장 관방 및 교통유적」, 『신편 강화사 중(증보)』, 강화군 군사편찬위원회, 2015.

23 정요근, 「역사기행: 교동도 유적의 재발견」, 『내일을 여는 역사』, 2015.

24 『동문선』 권22, 칠언절구 교동; 『신증동국여지승람』 권13, 경기 교동헌 제영.

25 최태희·주성지, 「제3편 강화의 문화재 제4장 유교문화재」, 『신편 강화사 중(증보)』(강화군 군사편찬위원회), 2015.

26 유창호, 「제2절 고지도와 지리지로 본 교동」, 『교동향교지』(인하대학교 한국학연구소편), 2012.

27 유창호, 2012 앞의 글. 사신관 터에 대해 박헌용의 『속수증보강도지』(1932)에는 다음과 같이 정리되어 있다. 사신관 터[使臣館址] : 화개면 진망산 아래에 있으니, 옆에는 사신당(使臣堂)이 있고. 바닷가 바위 위에 정으로 파낸 층계가 있다. 서로 전하기를

고려 때 송(宋)나라 사신들의 통행로로 이곳이 곧 배를 타던 곳이라 한다. 조선 중엽 이후로 이 관사에 무기를 보관하였고, 근대에 통어사(統禦使) 정기원(鄭岐源)이 옛 제도를 폐지하여 창고로 중수하였으며, 그 후에 방어사(防禦使) 이근영(李根永)이 성 안으로 옮겨 세웠다. 서로 전하기를 사신 행렬이 정박한 곳이라 한다.

28 강화군청·인하대학교박물관, 『강화 교동읍성 정밀 지표조사 보고서』, 2007.

29 한국민족문화대백과사전 참조.

30 이하 왜구 관련 내용은 박종진, 「제4편 7장 개경환도 이후의 강화」, 『신편 강화사 상 (증보)』(강화군 군사편찬위원회), 2015 참조.

31 『고려사절요』 권30, 우왕 3년 5월.

32 『고려사』 열전 권34, 열녀; 『고려사절요』 권30, 우왕 3년 3월.

33 윤대원, 「여말선초 강화의 방위체제」, 고려대학교 석사학위논문, 2002.

34 『고려사』 및 『고려사절요』 해당 기사 참조.

35 갑산창의 위치와 관련하여 박헌용의 『속수증보강도지』(1932)에 다음과 같은 내용이 있다. "갑산창 터[甲山倉遺墟] : 고려 말에 둔조(屯租)를 거두어 보관하면서 군량으로 삼았는데, 그 터가 수정면 양갑리(옛날 북갑리)에 있다. 지금도 창내촌(倉內村)·창허전(倉墟田)이란 이름이 전한다." 양갑리(兩甲里)는 1914년 행정구역을 개편할 때 빈장산(濱長山) 남쪽의 남갑리(南甲里)와 북쪽의 북갑리(北甲里)를 병합하고 두 마을을 합쳐 이루어졌다고 하여 양갑리라 부른다. 갑산(甲山)은 보통 겹재라 부르는데 겹재는 봉우리가 두 개 있는 산에서 유래하였으며 이곳에서는 빈장산을 가리킨다(신편 강화사 참조). 갑산창의 위치는 아직 찾지 못하였다.

36 『고려사절요』 권30 우왕 3년 3월 "왜구가 밤에 착량(窄梁)에 들어와서 전함 50여 척을 불태웠다. 바다가 낮처럼 밝았으며, 죽은 자가 100여 인이었다. 만호(萬戸) 손광유(孫光裕)가 날아오는 화살에 맞았는데, 검선(劍船)을 타고 겨우 〈죽음을〉 면하였다. 이보다 앞서 최영(崔瑩)이 손광유를 경계하여 말하기를, "착량의 강어귀에서 병기를 들어 시위하기[耀兵]만 하고, 삼가 바다로는 나가지 말라."라고 하였다. 이날 손광유는 착량을 나가자마자 크게 취하여 깊이 잠들었는데, 적이 갑자기 이르렀으므로 마침내 패하였다. 경성에 큰 지진이 일어났다. 왜구가 또다시 강화부(江華府)를 노략질하였다. 만호(萬戸) 김지서(金之瑞), 부사(府使) 곽언룡(郭彦龍)이 마리산(摩利山)으로 도망갔다. 적이 마침내 크게 노략질하고 김지서의 부인을 사로잡아서 갔다. 강화부 아전의 처녀 3인은 적을 만나 더럽혀지지 않으려고 서로를 붙잡고 강에 달려들어 죽었다. 손광유·김지서·곽언룡을 옥에 가두었다."

37 윤대원, 앞 논문.

38 『고려사』 병지 병2 둔전 우왕 3년.

39 『고려사』 열전 권26, 최영; 『고려사절요』 권30, 우왕 3년 3월.

40 적어도 교동에 감무가 파견된 고려 명종대 이후로 관 주도의 간척사업이 이루어졌

을 것이다. 초기 방조제는 고구리의 제비와 삼선리의 무지니, 대룡리의 대아촌과 양갑리의 북갑, 지석리의 아랫기재를 잇는 최단거리의 지형지물을 연결하는 방식이었을 것으로 추정된다. 이후 몽골 침입으로 인한 강도시대가 열리면서 도성 이주민들의 자급자족을 위해 간척사업은 더욱 확대되었고, 교동과 강화가 군사적 요충지가된 이후에는 대규모 인력동원이 가능해져 간척이 더욱 촉진되었을 것으로 보인다(최영준·홍금수, 2003 논문). 고려 말에 이루어진 대표적인 간척사업은 교동도 북쪽 인점포일대에서 시행된 영산언 공사이며 이때 옥동(獄洞) 저수지가 만들어졌다(최영준, 2003 앞의 글).

3장 | 나라를 지키는 섬

01 이강한, 「고려시대의 교동」, 『교동향교지』, 2012, 513쪽.

02 『고려사』 권40, 세가40, 공민왕 12년 4월.

03 임용한, 「14~15세기 喬桐의 군사적 기능과 그 변화」, 『인천학연구』3, 2004, 6쪽.

04 배성수, 「조선시대 교동의 관방」, 『교동향교지』, 2012, 525쪽.

05 『태조실록』 권3, 태조 2년 5월 14일 무오; 태조 2년 5월 20일 갑자.

06 『태조실록』 권3, 태조 2년 5월 4일 무신.

07 『고려사』 권56, 지10, 지리1, 양광도.

08 임용한, 같은 글, 12~13쪽.

09 위의 글, 13쪽.

10 『세종실록』 권148, 지리지, 경기.

11 임용한, 같은 글, 17쪽.

12 『세종실록』 권21, 세종 5년 7월 26일 갑진.

13 임용한, 같은 글, 14쪽.

14 이진환, 『교동도의 역사와 문화산책』, 2016, 15쪽.

15 최중기 외, 『교동도』, 2015, 260~261쪽.

16 『태종실록』 권30, 태종 15년 7월 6일 신축.

17 『태종실록』 권30, 태종 15년 8월 23일 정해.

18 『인조실록』 권22, 인조 8년 5월 14일 계사.

19 『인조실록』 권24, 인조 9년 1월 17일 신묘.

20 『태종실록』 권3, 태종 2년 2월 5일 무오.

21 임용한, 같은 글, 22쪽.

22 『태종실록』 권3, 태종 2년 2월 5일.

23 최중기 외, 같은 책, 167쪽.

24 1414년에 교동에 우도수군첨절제사영이 있었다는 것은 임용한의 연구에서 주장하는 바이다. (임용한, 같은 글, 14쪽)

25 『태종실록』권28, 태종 14년 8월 10일 경술.

26 강화 돈대의 총수에 대해서는 54개라는 주장과 53개라는 주장이 나뉘어 있다. 현재 사적지 광성보 내에 위치한 용두돈대를 돈대에 포함할 것인가에 대한 의견 차이 때문이다. 용두돈대는 언제 만들었다는 기록이 없고 또한 돈대의 기본적인 구조도 갖추지 않았다는 것이 돈대에 포함해서는 안 된다는 근거이다. 그러나 19세기 후반 제작된 강화 지도에 분명히 '용두돈대'가 표기되어 있으므로 돈대로 인정하는 것이 맞다고 보인다.

27 배성수, 「조선시대 교동의 관방」, 『교동향교지』, 2012, 526~527쪽.

28 이 부분에 대해서는 추가로 생각해야 할 부분이 있다. 16세기 중종대 간행된 『신증동국여지승람』의 「교동현」조에는 월곶진에 우도수군첨절제사영이, 「남양도호부」조에는 화량진에 좌도수군첨절제사영이 있다고 기록되어 있다. 또 「남양도호부」조에는 경기수영이 화량진에 있다가 성종16년 그러니까 1485년에 혁파되었다고 기록되어 있다. 『여지승람』의 내용만을 따른다면 16세기에도 교동과 남양에 여전히 좌우도의 수군첨사영이 있었고, 더욱이 원래 있던 화량진의 경기수영은 혁파된 것이다. 물론 이는 국가의 기본법전인 『경국대전』 「병전」의 내용과는 맞지 않는 것이므로 기록의 착오일 가능성이 높지만, 검토할 필요는 있다고 생각된다.

29 월곶이라는 지명은 김포, 시흥 등 다른 지역에서도 찾아볼 수 있다.

30 『인조실록』권20, 인조 7년 2월 24일 경술.

31 1843년 편찬된 『경기지』 안산군조에는 안산의 월곶진을 강화로 옮겼다고 전한다.

32 『교동군읍지』(1899) 「팔경」

33 박헌용의 『속수증보강도지』에 신교동팔경이 소개되어 있다.

34 이하 본 장에서 인용(참고)한 『교동군읍지』(1899)의 내용은 인천시역사자료관에서 발간한 『(역주)교동군읍지』, 2006의 해당 부분임을 밝힌다.

35 『동국여지지』 우역.

36 『동국여지지』의 교동 관련 내용에는 교동이 현으로 설명된다.

37 송양섭, 「17세기 江華島 방어체제의 확립과 鎭撫營의 창설」, 『한국사학보』13, 2002, 222쪽.

38 배성수, 같은 글, 528쪽.

39 위의 글, 528쪽.

40 『인조실록』권5, 인조 2년 3월 16일 경오.

41 『인조실록』권20, 인조 7년 2월 13일 기해.

42 『만기요람』, 군정편4, 주사, 총례, 연혁.

43 송양섭, 같은 글, 222쪽.

44 위의 글, 229쪽.

45 강화유수가 진무사를 겸하게 된 것은 1678년으로(『숙종실록』 권7, 숙종 4년 10월 17일 갑신) 이때를 진무영이 창설된 것으로 볼 수 있다. 그러나 1684년 10월 진무사의 사목이 마련되었을 때를(『비변사등록』 38책, 숙종 10년 10월 20일) 진무영이 창설된 시기로 보는 견해도 있다(배성수, 같은 글, 533쪽).

46 배성수, 같은 글, 533~535쪽.

47 『인조실록』 권24, 인조 9년 1월 17일 신묘.

48 유창호, 「고지도와 지리지로 본 교동」, 『교동향교지』, 2012, 432쪽.

49 『정조실록』 권5, 정조 2년 윤6월 13일 신미.

50 『정조실록』 권7, 정조 3년 3월 8일 임진.

51 이민웅, 「18세기 江華島 守備體制의 强化」, 「한국사론」 32, 1995, 2쪽

52 『정조실록』 권27, 정조 13년 5월 26일 임오.

53 유창호, 같은 글, 『교동향교지』, 2012, 435쪽.

54 『정조실록』 권7, 정조 3년 3월 8일.

55 김귀옥, 「교동도 근대역사 : 한국전쟁과 전쟁이 남긴 것」, 『교동도』(최중기 외), 민속원, 2015, 86쪽.

56 『강화 교동읍성 정밀지표조사 보고서』, 인하대학교박물관, 2007, 62쪽.

57 배성수, 같은 글, 537쪽.

58 위의 글, 538쪽.

59 『태종실록』 권35, 태종 18년 3월 13일 계해.

4장 | 살아있는 아픔의 역사

01 〈선박안전조업규칙〉(2017.07.28.)에 따르면 어로한계선에 교동도 읍내리 남산포항 선착장 최끝단이 지나간다. 이 말은 교동의 남쪽 끝단의 위 영역들은 어로 행위를 할 수 없다는 뜻이기 때문에 남산포와 그 주변 해안 정도만 포구의 기능을 할 수 있는 셈이다. 실제로 어로한계선 위의 나머지 지역은 섬의 해안선을 따라 철책이 쳐져 있다.

02 교동면의 현황은 2016년에 발간된 강화군 군정백서를 참조하였다. 2016년도를 기준으로 교동의 인구는 남성 1,502명, 여성 1,483명이다.

03 일제 강점기 행정변천을 거쳐 연안군과 배천군이 통합되면서 연백군이 되었다. 현재는 황해남도 연백군 연안읍에 해당한다.

04 교동도는 1914년의 행정구역 개편으로 화개면, 수정면으로 나뉘어졌고, 당시 중심지였던 지금의 읍내리는 화개면에 속했다. 1934년 이후 두 면이 통합되어 현재의 교동면이 되었다.

05 강화군 군사편찬위원회, 『신편 강화사 상(上) - 역사와 전통(증보판)』, 2015, 801쪽.

06 김귀옥, 「건국과 전쟁에 의한 지역 공간의 지정학적 변화-해방 전후~1950년대 인천시 강화군 교동의 사례」, 정신문화연구』31, 2008, 87~88쪽.

07 위의 글, 82~83쪽.

08 김귀옥, 「지역의 한국전쟁 경험과 지역사회의 변화-강화도 교동 섬 주민의 한국전쟁 기억을 중심으로」, 『경제와 사회』71, 2006, 57~59쪽. 본문의 김석홍의 이야기에 대해서는 이 논문을 참조하였으며, 교동의 토지개혁에 대해서는 김귀옥, 「한국전쟁기 강화도에서의 대량학살사건과 트라우마」, 『제노사이드연구』3, 2008, 35쪽에서 간단하게 언급하고 있다.

09 김귀옥, 「건국과 전쟁에 의한 지역 공간의 지정학적 변화-해방 전후~1950년대 인천시 강화군 교동의 사례」, 『정신문화연구』31, 2008, 91~92쪽. 이하 황인섭, 김봉용의 활동 내용을 참조하였다.

10 김봉용 역시 황인섭과 마찬가지로 사회주의 계열의 지식인이다. 농민조합장을 맡았다고 하는데 황인섭처럼 상세하게 알려진 바는 적다. 교동향교·인하대학교 한국학연구소, 『교동향교지』, 2002, 628쪽.

11 김귀옥, 「지역의 한국전쟁 경험과 지역사회의 변화 - 강화도 교동 섬 주민의 한국전쟁 기억을 중심으로」, 『경제와 사회』71, 2006, 56~57쪽.

12 강화군 군사편찬위원회, 『신편 강화사 상(上) - 역사와 전통』, 2015, 902쪽.

13 『교동향교지』에 기록된 자세한 내용에 따르면, 교동 주민 40여명은 불법으로 납치되어 정미소의 곳간에 갇혔다. 방첩대원들에 의해 약 일주일 간 고문을 받았고 그 중 10여 명은 불구의 몸이 되었으며, 교동면장 한기복의 아우 한기욱과 방찬민 등 2명은 피살당했다고 기록되어 있다. 이 끔찍한 고문사건을 주도한 방첩대원 장윤성은 사망한 두 사람의 시신을 논바닥에 파 암매장해버리기까지 했다. 교동향교·인하대학교 한국학연구소, 『교동향교지』, 2002, 629쪽. / 국회사무처, 「제 5회 국회임시회의속록」제54호, 1949.

『교동향교지』는 납치·감금된 장소가 정미소의 곳간이라고 하고 있으나 김귀옥의 글(「건국과 전쟁에 의한 지역 공간의 지정학적 변화-해방 전후~1950년대 인천시 강화군 교동의 사례」, 『정신문화연구』31, 2008)은 김석홍의 집 창고(곳간)라고 하고 있다. 이후에도 김석홍의 집 창고는 인민군에 의 해 면장, 우익을 감금하여 조사하던 곳으로 이용되었으며 상대세력에 대한 고문실로 쓰이기도 했다.

14 교동향교·인하대학교 한국학연구소, 『교동향교지』, 2002, 629~630쪽. / 『국도신문』, 1949년 12월 2일자 기사(국사편찬위원회, 『자료대한민국사』15, 2001) 국사편찬위원회). 본문의 내용은 국도신문에 실린 기사 내용을 풀어썼다.

15 교동향교·인하대학교 한국학연구소, 『교동향교지』, 2002, 627~628쪽. / 황인병, 『교
　 동향교지』, 재인교동면민회, 1995, 305쪽.

16 김기진, 『끝나지 않은 전쟁 국민보도연맹-부산, 경남지역-』, 역사비평사, 2002, 19~26쪽.

17 강화군 군사편찬위원회, 『신편 강화사 상(上) - 역사와 전통(증보판)』, 2015, 901쪽.

18 강화군 군사편찬위원회, 『신편 강화사 상(上) - 역사와 전통(증보판)』, 2015, 900쪽.

19 고구리 충혼전적비(유격군 추모비)는 인천 강화군 교동면 고구리 8-2에 소재하고 있다.

20 국가보훈처 홈페이지의 참전기념행사(https://www.mpva.go.kr/mpva/event/
　 veteranView.do?idx=2060)란을 참조하였다.

21 고구리에서 벌어진 민간인 학살의 사례에 대해서는 진실화해위원회, 『2009년도 상
　 반기 조사보고서-강화(교동도) 지역 민간인 희생사건』(2008)에 더 자세히 나와 있다.
　 한 예를 들면, 사건 조사 신청인이었던 방선일씨의 경우 사촌형과 백부가 고구리 낙
　 두포구 쪽으로 끌려가 총살당했다.

22 강화군 군사편찬위원회, 『신편 강화사 상(上) - 역사와 전통(증보판)』, 2015, 884~887쪽.

23 인천광역시의회, 『의회저널』110, 2017, 76~79쪽. 이하 타이거여단에 대한 설명은
　 국방부 군사편찬연구소의 『한국전쟁과 유격전사』(2008)를 참조하였다.

24 강화군 군사편찬위원회, 『신편 강화사 상(上) - 역사와 전통(증보판)』, 2015, 894쪽.

25 정경환, 「6·25 참전 비정규군 공로자보상의 당위성과 그 의의-KLO8240부대 유격군
　 의 정신을 중심으로」, 『통일전략』13, 2013, 44~45쪽. 같은 글 47쪽에 따르면 켈로부
　 대는 대한제국 말기의병과 비슷하게 그 지역의 지형지물을 잘 아는 지역민 출신이
　 었기 때문에 게릴라전에 투입되어 적의 후방을 기습하거나 교통로를 장악, 보급로
　 를 차단하는 역할과 북한군의 시설 파괴 등을 맡았다고 한다.

26 강화군재향군인회, 『강화향토방위 6.25 전쟁 증언집-강화도를 지켜낸 어린 꽃들의
　 항전』, 2016, 230~239쪽, 74~80쪽. 소년단은 특공대와 함께 강화 탈환에 공헌하였
　 으며, 이후 미 극동군 소속 켈로부대가 창설되면서 지휘를 담당하던 특공대가 타 부
　 대로 편입되거나 해산되자 자연스럽게 해산하였다고 한다. 그러나 일부 소년단원들
　 은 특공대와 함께 북한지역에도 침입하여 활동하기도 하였다.

27 정경환, 「6·25 참전 비정규군 공로자보상의 당위성과 그 의의-KLO8240부대 유격군
　 의 정신을 중심으로」, 『통일전략』13, 2013, 76~80쪽.

28 사진과 추모제의 내용은 한국전쟁유족회 홈페이지를 참조하였다. 사진은 한국전쟁
　 유족회의 정식 허가를 받아 사용하였다.

29 2005년 12월 30일 서영선씨는 진실화해위원회에 강화(교동) 지역 민간인 희생사
　 건에 대한 진실규명을 제기하였다(사건번호 다-230). 조사 끝에 2009년 3월 30일, 진
　 실화해위원회는 민간인 학살의 국내법 위반을 지적하면서 국가의 책임을 인정하
　 고 유족들에게 사과할 것 및 배상금을 지급하라는 권고를 내렸다. 진실화해위원회,
　 『2009년 상반기 조사보고서 - 강화(교동도) 지역 민간인 희생사건』, 2009, 754쪽 참

조. 또한 오마이뉴스의 서영선씨 인터뷰(http://www.ohmynews.com/NWS_Web/View/at_pg.aspx?CNTN_CD=A0002194066)를 참조하였다.

30 1952년 1월 6일자 동아일보에 "강화지공대(江華持攻隊) 사건 인천지청에 이송"이라는 기사가 있다. 이 기사에는 세인의 이목을 끈 강화도을지병단 산하특공대사건이 인천검찰지청으로 이동되었다는 내용이 있는데 이는 본문의 민간인 학살사건과 관련된 기록이다. 그 전날인 1952년 1월 5일자 조선일보에는 "수백명을 불법피해. 강화도 사건 인천에 이송"이라는 제목의 기사가 실렸다.

31 과거사 업무 관련 기관 소개와 활동 내역은 행정안전부 과거사관련업무지원회의 홈페이지를 참조하였다.

32 이 보고서들은 생존 가족들의 증언, 학살 행위에 가담하거나 목격한 사람들의 증언을 토대로 작성되었다. 증언을 토대로 희생당한 사람의 신원을 확인한 사례도 있지만 그렇지 못해 희생자 명단에선 누락된 사람들도 있다. 따라서 보고서에 기록된 숫자보다 더 많은 사람들이 희생되었을 가능성이 높다.

33 진실화해위원회, 『2009년 상반기 조사 보고서 - 강화(교동도) 지역 민간인 희생사건』, 2009, 759~762쪽. 아래 고구리 사건에 대해 일부만 수록, 축약하였다.

34 이하 최태육 목사의 발언 및 아이들의 희생 기록은 인천일보의 기사(http://www.incheonilbo.com/?mod=news&act=articleView&idxno=528050)와 진실화해위원회의 보고서를 참조하였다.

35 최태육 목사의 민간인 학살 관련 조사 신청 기록은 진실화해위원회의 『2009년 상반기 조사 보고서 - 강화(교동도) 지역 민간인 희생사건』(2009)에 수록되어 있다.

36 최고유라는 9살짜리 어린 아이는 교동 상룡리에서 살고 있었으며 다른 가족들과 함께 끌려가 상룡리 뒷산(달우물)에서 사망했다고 기록되어 있다. 『2009년 상반기 조사 보고서』(2009)에 따르면 최상구는 2007년 4월 20일 인천시청에서 관련 사건에 대해 진술하면서 최고유를 비롯한 희생자들을 살해한 가해자는 황해도 연백 등지에서 남하한 반공청년단원들이라고 언급하였다. 최고유의 시신은 찾지 못했다.

37 서영선씨 인터뷰, http://www.ohmynews.com/NWS_Web/View/at_pg.aspx?CNTN_CD=A0002194066

38 강화군 군사편찬위원회, 『신편 강화사 상(上)-역사와 전통(증보판)』, 2015, 915~916쪽.

39 강화향토특공대의 반박기사, http://www.kyeongin.com/main/view.php?key=529627

40 이하 최봉열 할아버지의 사연은 경인일보 실향민 이야기 시리즈 〈꿈엔들 잊힐리야〉(http://www.kyeongin.com/main/view.php?key=978338)를 참조하였다.

41 황해도 연백마을 관련 소개, http://www.bbggnews.com/news/10352

42 교동향교·인하대학교 한국학연구소, 『교동향교지』, 2002, 631쪽.

43 대룡시장의 소개 글은 교동도 관광 팜플렛과 대룡시장 소개문을 참조하였다.

44 김영애씨는 민주평화통일자문회의 인천 강화군협의회에서 펴낸 실향민증언이야기 『격강천리라더니』를 펴낸 사람이다. 민주평화통일자문회의 인천 강화군협의회, 『격강천리라더니』, 2008, 199~208쪽.

45 같은 책에 실린 유각균씨의 이야기에 따르면 울음을 터트린 아이를 물에 던질 때 아이 엄마도 함께 물에 뛰어들었다고 한다. 위의 책, 147쪽.

46 평화의 배 띄우기를 주도하는 시민단체인 비폭력평화물결의 홈페이지(http://peacewave.net/)를 참조하였다.

저자 소개

김락기 인천역사문화센터장

정학수 인천역사문화센터 연구원

안홍민 인천역사문화센터 연구원

정이슬 前인천역사문화센터 연구원

교동도
전란과 긴장, 대립의 역사

초판 1쇄 인쇄 2018년 12월 21일
초판 1쇄 발행 2018년 12월 28일

지은이 김락기 정학수 안홍민 정이슬
사진촬영 김보람
펴낸이 최종숙
펴낸곳 글누림출판사

책임편집 이태곤 | **편집** 권분옥 홍혜정 박윤정 문선희 백초혜
디자인 안혜진 홍성권 김보연 | **마케팅** 박태훈 안현진 이희만

주소 서울시 서초구 동광로46길 6-6(반포4동 577-25) 문창빌딩 2층(우-06589)
전화 02-3409-2055(대표), 2058(영업), 2060(편집)
팩스 02-3409-2059 | **전자우편** nurim3888@hanmail.net
홈페이지 www.geulnurim.co.kr
블로그 blog.naver.com/geulnurim
북트레블러 post.naver.com/geulnurim
등록번호 제303-2005-000038호.(2005.10.5)

정가는 뒤표지에 있습니다.
ISBN 978-89-6327-546-8 04080
        978-89-6327-545-1 (세트)

※ 잘못된 책은 바꿔 드립니다.